The Art of Profitability

Adrian Slywotzky

ザ・プロフィット

利益はどのようにして生まれるのか

エイドリアン・スライウォツキー◆著　中川治子◆訳

ダイヤモンド社

THE ART OF PROFITABILITY
by
Adrian Slywotzky

日本語版への序文――なぜ、いま「利益の物語」が必要なのか

ビジネスの世界では、どんなに素晴らしい考え方にも危険が潜んでいます。当初は成功をもたらしてくれた考え方も、環境の変化とともにそのパワーを失っていきます。それどころか、人々の創造性を枠にはめ、企業の発展を妨げ、停滞や破綻すら招くことがあるのです。

過去何十年にもわたって、企業の成否を決める要因は「市場シェア」だと考えられてきました。他社に負けない製品を開発し、市場シェアを確保すれば、黙っていても利益は上がる――この成功の方程式は実にシンプルで、世界中の多くの企業がこの考え方に従って行動してきました。

しかし今日、かつて優勢を誇った成功の方程式は機能不全に陥っています。もはや、市場シェアのみが利益の源泉だと信じることはできません。世界のあらゆる業界において、製品中心主義の名門企業から、よりよいビジネスデザインを備えた企業へと、利益も資本も顧客も、すべてが雪崩を打って移動しています。

では今日、どのような考え方が成功をもたらしてくれるのでしょう？　私の答えはこうです。「利益が生まれる仕組みは多種多様だが、企業がどこで利益を上げられるかを決めるのは顧客であ

る」

このことがあなたのビジネスにとって持つ意味は深遠です。成功している企業は、自らの顧客をしっかりと見据えたうえで、パワフルかつユニークな利益発生のメカニズム――利益《プロフィット》モデルをつくり上げています。彼らは製品やプロセスだけでなく、利益モデルをつくるという面でも、優れた創造性を発揮しているのです。

利益モデルのイノベーションを競うグローバル市場においては、「我々のビジネスにおいて、利益はどこで、どのように発生しているか」という問いを徹底的に考え抜くことがきわめて重要です。それを怠っていては、いくら優れた人材や豊富な資金力があっても、間違いなく浪費してしまうでしょう。

ビジネスの環境が激変している現在、本書で紹介するように、利益モデルの数はゆうに二〇を超えており、それがよって立つ基盤も多岐にわたっています。市場シェアであれ、売上であれ、資金力であれ、技術力であれ、どんな要因もそれだけで利益を手にできる要因ではなくなったということです。

独自の利益モデルを作った革新的企業では、会社のトップだけが「利益」について考えるのではなく、社員全員が日常的にそれを考え、取り組むべきミッションとなっています。

一九九〇年代の勝ち組企業は、品質を追求するための原則と実践を社員に説きました。けれど、今日の勝ち組企業は、社員一人ひとりに「利益」を説き始めています。つまり、何が良い市場シェアで何が悪い市場シェアか、何が良い売上で何が悪い売上か、何が良いコストで何が悪いコストかを、全社挙げて「利益」という観点から考えようとしているのです。

私のクライアントたちが、「利益の物語」を書くよう勧めてくれた理由も、実はそこにあります。彼らは、社員の誰が読んでも理解でき、読んだ人が自分なりに考え始めるように、普通のビジネス書ではなく物語仕立ての本を書いてほしいと言ってきました。そのため本書では、アイディアや理論を提示するだけではなく、一人ひとりの読者が独自の考えを深めるための方法論を提供することも心がけました。

日本企業には、一つの価値やアイディアに基づいて組織全体を動かす、優れた力があります。たとえば「品質」という価値を追求することで、製品やプロセスのイノベーションを実現し、優位性を築いてきました。そのような日本企業が、ユニークな利益モデルを生み出すことに成功するなら、必ずや持続的な成長と経済の回復を実現できるでしょう。本書がその一助となることを願ってやみません。

二〇〇二年一一月

マサチューセッツ州ボストンにて　エイドリアン・スライウォツキー

読者の皆さんへのお願い

この本は、若いスティーブが賢人チャオから教わる「利益《プロフィット》」についての物語です。授業が行なわれるのが毎週土曜の朝なので、読者の皆さんも、できれば週に一章ぐらいのペースでゆっくりお読み下さい。そこまで悠長なことはしていられないという方も、ただ答えを読もうとするのではなく、登場する「利益モデル」をスティーブとともにじっくり考えながら読んで下さい。

その際、自分の会社のビジネスを念頭に置き、以下のような問いを想定して読むことをお勧めします。同僚と議論しながら読むのもいいでしょう。理解が深まりますし、何といっても実際のビジネスで使えるアイディアが生まれる可能性が格段に高まります。

●自社のビジネスはどの利益モデルを使っているか?
●競争相手のビジネスはどの利益モデルを使っているか?
●もっと利益を上げるために、現在の利益モデルを使って新たにできることはないか?
●まったく新しい収益源をつかむために、新しい利益モデルは使えないか?

- 自分の仕事はどのように利益と結びついているか？　利益と無関係な業務はないか？
- 将来の事業計画は、どのようにして自社に利益をもたらすだろうか？
- 自社の計画のなかに収益性を損なう可能性があり、中止すべきものはないか？
- 自社は業界のなかで、まったく新しいユニークな利益モデルをつくれないだろうか？

自社の都合ではなく、顧客の優先順位から考えをスタートさせて下さい。利益への道――それは、突き詰めれば、顧客を十分に理解することから始まるからです。

ザ・プロフィット◉目次

ザ・プロフィット

利益はどのようにして生まれるのか

プロローグ

九月二一日。マンハッタンのダウンタウン。スティーブ・ガードナーはビルの四六階にあるオフィスで一人静かに座っていた。

土曜の朝、八時一五分。ストーム・アンド・フェローズではどのオフィスにもほとんど人影はなかった。スティーブにしても、いつもならソーホーの自分のアパートメントでまだ眠っているか、起き抜けのコーヒー片手にタイムズ紙に目を通している時間だった。ミッドタウンに本社を置く多国籍コングロマリットに就職してはや四年半になるが、いまだに学生時代の習慣から抜け出せず、週末ともなると、この時とばかりに夜型に舞い戻ってしまうのだ。

とはいえ、今朝は特別だった。「ビジネスで利益が生まれる仕組みを知り尽くした男」、デビッド・チャオに会いたいなら土曜の早朝しかチャンスはない、と言われたからだ。スティーブはなんとしても会おうと心に決め、ツテをたどってチャオを知る人たちが集うあるサークルにもぐり込むことができた。そんなわけで、チャオのユニークな知識についてはある程度耳にしていた。

ふいにオフィスの扉が開き、スティーブは反射的に立ち上がった。

「おはよう、スティーブ。私がデビッド・チャオだ。こんな早くに足を運んでもらって悪かったが、なんといってもこの時間帯は静かだからね。それに、ここからの景色は少し腰をすえて考え事をするにはうってつけだと思うんだが、どうかね？」

そう言いながら、チャオは椅子をすすめた。普段は凝った装飾を施したオークの机に沿って置かれていた椅子が、今日は埠頭を一望できる向きに変えてあった。

ひと目で好感の持てる人物であることがわかって、スティーブは笑みを浮かべた。どことなくくたびれた茶色のチェックのジャケットとカーキ色のズボン、そして履き込んだローファー。小柄でスリムなチャオは、敏腕ビジネスマンというより、ニューイングランドあたりの小さなカレッジの歴史学の教授といった風情だった。モップのようなぼさぼさの長い髪は、黒というよりグレーに近かった。丸い顔はツヤツヤと皺《しわ》ひとつないように見えたが、笑うと茶色い目の周りに細かい皺ができた。

「素晴らしい眺めですね。ただ、それよりもあなたがこのストーム・アンド・フェローズにオフィスを持っておられることに驚きました。弁護士とは存じ上げなかったもので」

笑いながらチャオは机の向こう側の椅子に腰掛け、スティーブは自分の椅子を引き寄せた。

「いや、正確にはそうじゃない。若い頃に法律の学位を取るには取ったんだが、いま現在、弁護士をやっているわけではない。ここでは産業構造や独占禁止法関連の問題の相談役ということになっている。これだけ豪華なオフィスとそれなりの報酬を約束されて、ほとんど好き勝手にさせてもらってるんだ。

ただし、いざ私を必要とする事態が生じれば――それが月にわずか一、二回だったとしても――、期待される以上の力を発揮しなければならない。何千万ドル、ときには何億ドルもの大金がかかってくるからね」

あまりにもざっくばらんな物言いにスティーブは戸惑った。チャオが心底くつろいでいるように見えたからだ。スティーブは思った。なんて恵まれた境遇だろう、月に一、二回、本気で働けばいいんなら僕だって――。

「びっくりしているのかな?」とチャオは言った。「ま、無理もないだろう。私はありがたいことに、人生の大半を自分が最も興味のあることに注ぐことができたからね」

「どういったことですか?」とスティーブは訊ねた。

「そうだね。いくつかあるが、たとえば投資だ。その昔、ある経済調査会社を辞めるとき、会社側が相当額の退職金をくれた。そのとき、私はそのお金をどう使うか、よく考えてみようと思ったんだ。少なくとも妻や子供たちのために、なんとかこれを活かさなければとね。そこで、投資の世界を一から勉強することにした。自分でどうにか納得できるレベルに到達したのは、ようやく最近のことだ。実際、覚悟していたより遥かに険しい道のりだったが、その分だけ見返りも大きい。言っておくが、見返りと言ってもお金のことじゃない。そこがまた奇妙なんだが」

「手探りの状態はどのくらい続いたんですか?」

「投資を勉強した一〇年のうち九年間は、失敗続きだったよ」

「なぜそんなに時間がかかったんですか? 投資もビジネスの分析も、必要な能力に大差はないように思えますが」

「なかなかいい質問だ」チャオもスティーブに好感を持ったようだった。「それでは訊くが、ここにある優秀な心臓病学者がいるとしよう。で、君が冠動脈のバイパス手術を受けなくてはならなくなった。さて、君はその学者に手術を頼むかね?」

「頼みませんね。私なら腕のいい心臓外科医を探します。十分な臨床経験を積んだ外科医を」

「当然そうするだろう。では、その心臓学のすべてを知り尽くした研究者が、給料が一〇倍もいいという理由で外科医に転身することにした。彼が医者としてモノになるまでどのぐらいかかると思うかね?」

医者のインターンとレジデントの期間はいったいどのくらいだったっけ? スティーブには思い出せなかった。「五、六年というところでしょうか?」

「そのくらいかもしれないが、私なら一〇年と答える。リスクはできるだけ排除しておきたいからね」

「なるほど」と相槌を打ちながらも、スティーブはいまひとつ釈然としない思いでいた。チャオは何を言おうとしているんだろう? 「何か新しい能力を完璧にマスターしようとするとき、たとえば投資でもいいんですが、一番大切なものは何だと思われますか?」

「とてつもない粘り強さだよ」とチャオは答え、さあ本題に入るぞ、と言わんばかりにひと呼吸置くと机に身を乗り出した。「さて、今日、君が私に会いに来た理由を教えてもらえるかな?」

スティーブは、何から話し始めればよいか考えながら言った。

「カクテルパーティで人づてにオットー・ケルナーという人物を紹介してもらいました。彼に利益《プロフィット》というものについてどうしても知りたい、と話したら、それならぜひあなたに会うべきだと教えてくれたのです」

チャオは笑みを浮かべた。ケルナーはチャオの親友で、ストーム・アンド・フェローズのシニア・パートナーだった。そもそもチャオをこの会社に招聘したのが彼だった。仕事といえば午後のひとときチャオと話をするぐらいのものだが、八五歳という高齢で、いまだに毎日オフィスに顔を出していた。

「オットー・ケルナーからの紹介というのは私にとって折り紙つきも同然だ。しかし、わけを聞いておかないとね。君が利益について学ばなければならない理由だよ」

スティーブは一瞬口ごもった。本当のところはどうなんだろう？　どんな組織にとっても利益は生命の糧であり、ビジネスの究極の目的は株主に利益をもたらすことだ。そんな二つの理由が口から出かかったが、あまりにも陳腐だと思い直した。ともかく、職場や夜間のビジネスクラスで幾度となく口にしてきた常套句は、この人にはいっさい通用しない。それだけは確かだった。

「私の仕事にどうしても必要だからです」彼はようやく口を開いた。

「私はデルモアの戦略企画部門で働いています。デルモアは歴史のある大企業です。戦略企画部門というのは、自社が手がける多様なビジネス分野を間近で見ることができるので、働き甲斐のある職場です。言ってみれば、ビジネススクールで学ぶことを仕事を通じて学んでいるようなものです。ところが、おそらくご存知でしょうが、このところわが社の業績はお世辞にも良好とは言えない状態です。利益は横ばいで、株価はここ一八カ月間にわたって停滞しています」

「正確には二年だ」とチャオが指摘した。

「きっとあなたのほうが正確だと思います。株価の推移をごらんになってるんですね」

「デルモアは――そうだな、目が離せないという言い方がぴったりする企業だと思う。君はそこで長期戦略を立案しているわけだ。どんな戦略を立ててるのか聞かせてくれないか？」問いかけるチャオの目に面白がっているような光がよぎったように見えた。

「私の仕事は合併や買収、スピンオフなどの可能性を探る、いわばリサーチに近いことです」と答えながらスティーブは、なんて稚拙な説明だろうと反省した。

「私はもっと貢献したいんです。どうしたら会社を停滞状態から救えるか、知りたいんです。わかっていただけますか？」

「もちろんだ。だが、デルモアは一九〇四年創業の由緒ある企業で、四〇種のさまざまな分野のビジネスで年間一八〇億ドルの売上を上げている。まさかあの会社を運営している優秀な面々が利益が生まれるメカニズムを知らないとは言えないだろう。どうかね？　それとも、スティーブ・ガードナーみずから連中に利益とは何かを教えてやらねばならない、君はそう思っているのかね？」

　スティーブは赤面してしばし言葉もなく座っていた。頭の中にはこの半年のあいだに社内のあちこちで見聞きした不安材料がよぎっていた。全社あげての戦略会議が、二度の期日変更を経て、いまや無期限延期となっていること。それに対して何の説明もなかったため、社内ではさまざまな憶測が飛び交っていること。執行委員会の三人のメンバーが四週間のうちに次々と退陣したこと。ウォールストリート・アナリストたちの辛辣なデルモア評と、防戦一色に追いやられている会社側の公式発表のこと。つい先週も、三部門で前々から取り沙汰されていたレイオフが予想を遥かに上回る大規模なものになるという噂が飛んだ。社内の雰囲気はスティーブが入社した頃とは大きく変わっていた。

スティーブは深呼吸をひとつすると口を開いた。「おっしゃる通りです。私がしゃしゃり出て、利益とは何かをトップに教え諭す必要はありません」スティーブはチャオが何と言うだろうと不安に思いながら、真っ直ぐに彼の目を見つめた。

チャオはスティーブのほうにわずかに顔を近づけ、じっと見つめただけだった。長い沈黙が訪れ、ようやくチャオがひと言感想を述べた。「正直な答えだ。そうそうお目にかかれるものじゃない」

再び沈黙が訪れ、チャオは窓越しに外を見つめていた。

しばらくして、ようやくチャオはスティーブのほうに振り向いた。

「君が本心から利益について勉強したいと言うなら、喜んで先生役を務めさせてもらおう。ただし、いくつか条件がある。まず、今日から来年五月まで、基本的に毎週土曜日の朝に授業を行なうこと。授業は一回につききっかり一時間。さらに、翌週の授業に備えて資料や本を読んだりする時間を週に四時間ぐらい作ってほしい。できるかな？」

スティーブはかすかにうなずきながら言った。「大丈夫です」

「よろしい。ところで、もうひとつだけ言っておきたいことがある。オットーは君に授業料の件は伝えてくれたかな？」

「いいえ。おいくらでしょう？」

「一回の授業につき一〇〇〇ドル」

スティーブは息を呑み、肩を落とした。まず失望感、そして怒りが湧き上がるのを感じ、目をふせた。この場で思いのたけをぶちまけるか、それともいますぐ席を立って出て行こうか。そんな衝動に駆られたが、実際には静かにひと言発しただけだった。「とてもそんな余裕はありません」

チャオの笑い声が緊張をゆるめた。「当たり前だ。無理に決まってる。いますぐ払ってほしいとは言っていない。いつでもかまわないさ。払えるようになったときに払えばいい」

チャオの言葉を聞いてスティーブは、安心すればいいのか、恥をかかされたのかわからず、預金通帳の変わりばえしない三桁の残高を思い浮かべた。「五、六年は無理だと思います。もっとかかるかもしれません」

「わかってるよ」チャオの顔にいたずらっぽい笑みが広がった。「君はしあわせ者だな。君なら信頼に値する。私はそう踏んだんだ」

スティーブは内心当惑した。チャオはきさくだが、弄《もてあそ》ばれているような気もしたからだ。こいつならいつか必ず払うという僕への確信はどこから生まれたんだろう？　授業だけ受けて、知識を吸収するだけ吸収して、金は払わずにハイさようならということだってあるかもしれないのに。

「契約成立かな？」チャオは訊ねた。

スティーブは一瞬躊躇《ちゅうちょ》したが承諾した。チャオが席を立って歩み寄り、握手を交わした瞬間、スティーブは直感した。自分はそんなふうにチャオのもとから立ち去ることはあり得ないし、いつか必ず授業料を全額支払う日が訪れる、と。そして、スティーブ自身が確信する前に、すでにチャオにはそれがわかっていたということを。

チャオは何もかもお見通しだよというようにニッコリして言った。「いいだろう。ではそろそろ授業に入ろうか」

1

顧客を知ることが利益のはじまり——顧客ソリューション利益モデル

チャオとスティーブはオフィスの隅にある小さなテーブルを挟んで座っていた。チャオは自分の机から黄色いリーガルパッドを一冊取ってくるとテーブルの真ん中に置き、一番上のページの右上角に1と書いて丸で囲んだ。

「これは全部で四〇枚ある。授業がすべて終了した暁《あかつき》には残り二枚になるはずだ」

彼はジャケットのポケットに手を突っ込んで純銀製のペンを取り出すと、ササッと三本の線とゼロを描いた。

チャオはスティーブのほうに紙を押しやると話し始めた。

「私は長年、利益というテーマと取り組み、利益を達成する道を見出した企業を数多く研究してきた。それこそ何百社も研究したが、利益が生まれる道筋にひとつとして他と同じものはなかった。分析するうえで重要なのは、企業の固有性を形作るさまざまなディテールを理解することだ。

もっともらしい一般論を振りかざすのは簡単だが、ビジネスというものは具体的なケースで成り立っているものだ。だから、そうした具体的なケースにきっちりと当てはまる原則が必要になって

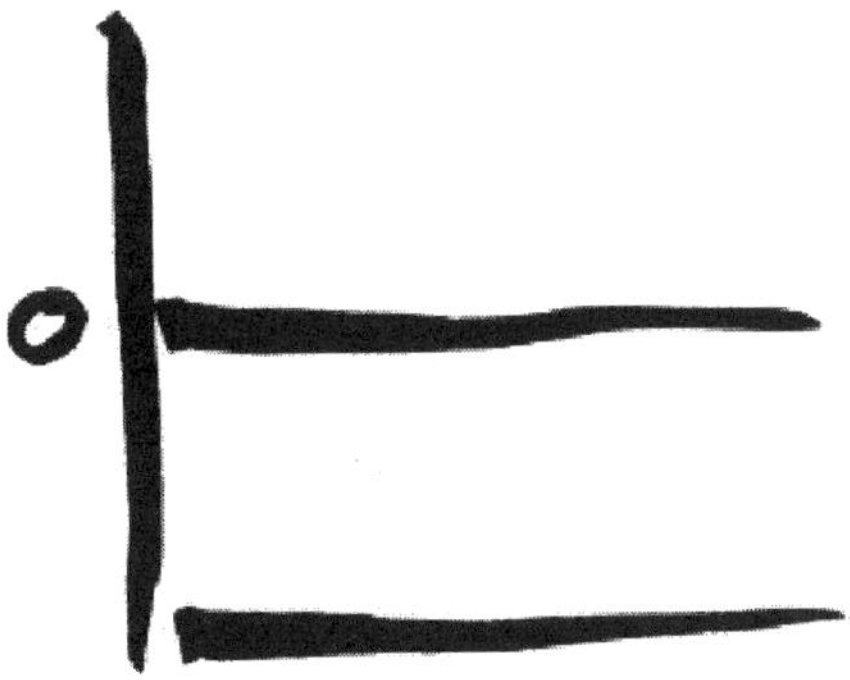

くる。この三〇年間で私はいくつかの原則を見つけた。
　これから何カ月かかけて、企業が利益を生む二三通りの方法を検討していこうと思う。名づけて利益《プロフィット》モデルだ。二三という数字には特に意味はない。二四でも三〇でもかまわないんだが、私が抽出した、きわめて興味深くかつ重要と考えられる方法はいまのところ二三通りということだ。今日はそのひとつ、〈顧客ソリューション利益モデル〉を検討してみよう」
「それはどんなものですか?」スティーブはすかさず訊ねた。
　そう焦らずに、と言いながらも、チャオはひと呼吸置いただけですぐに本題に入った。「まずこのモデルの典型的な企業の話をしよう。ファクトセット社といって、資産運用者に金融情報を提供するという非常にシンプルなビジネスを行なっている会社だ。

事の始まりは一九八九年。当時、私は情報ビジネスに参入したあるソフトウェア会社の依頼を受けてリサーチ関係の仕事をしていた。この会社には採算を度外視してあと先考えずに手を出す、実に無鉄砲な連中が揃っていた。あるとき彼らは、資産運用者や投資銀行、企業の資料室、市中銀行、情報専門サービス会社などに金融・経済情報や企業情報を提供する小さな会社——つまりファクトセット社のライバル企業——を買収した。ここでは便宜的にデータハウス社と呼んでおこう。目のつけどころはけっして悪くなかったが、着実に利益を上げるにはそれなりの経営手腕が必要な会社だった。

ところが残念なことに、連中の経営手腕はお粗末なものだった。買収後二年間は売上三割増を達成したものの、そこまでだった。売上は壁にぶちあたり、顧客はチャーニング（頻繁に取引先を変えること）に走り、利益は急激に落ち込んだ。そしてついには、計算機を使うまでもないシンプルな数字になった。利益ゼロだ。

マネジャーたちは派閥に分裂して敵対し、何ひとつ合意することができなかった。社内にはやけっぱちな雰囲気が漂い、それはやがて無気力へと変わり、とげとげしいなじり合いばかりが聞こえてくるようになった。

そんな会社で仕事をするのは私には非常に苦痛だった。そこらじゅうで争いが起きていた。私は口論が大嫌いだ。ある会議で議事進行を務めたときなど、三つの派閥の連中が腕組みしてそれぞれテーブルの隅に陣取り、お互い他を無視するように私のほうばかり向いて意見を言った。互いに交わす言葉はけんか腰で、とてもまともな対話とは言えなかった。君はこの手の会議に居合わせた経験があるかね？」

スティーブはこのあいだの火曜日の予算会議における居心地の悪さを思い出していた。もっとも、あれが初めてというわけではなかったが――。「はい、何度も出たいとは思いませんね」

「嫌なことを思い出させてしまったかな。とにかく私はああいった会議はダメなんだ。理屈じゃなく性に合わない。

そんなとき、ある戦略会議で、ひとりのマーケティング・マネジャーが言った言葉に私は注意を引かれた。彼女はこう言ったんだ。『私が知りたいのは、あのろくでなしのファクトセットの連中がどうやって情報ビジネス市場でわが社を追い落としたのかという点です。うちのビジネスとどこが違うんでしょう？　どうすればスタッフ三六人で売上二四〇〇万ドルのビジネスが可能になるんでしょう？　こっちは四〇〇人で四〇〇〇万ドルだというのに』

その話を聞いたとたん、私はハッとした。『これだ！』とね。なぜこれだけの差がついたのか、その答えが見つかれば、データハウスが立ち行かなくなった原因も、我々が何をすべきかも明らかになると思ったんだ。

私はさっそく答えを見つけるべく動くことにした。何十人もの顧客にインタビューし、ファクトセットがどんなふうにビジネスを展開しているかを調査した。そして、個々の顧客の声をすべてつなぎ合わせた結果、ついにファクトセットがビジネスをどう設計しているかが明らかになった。それをこれから説明していこう」

チャオはさらに続けた。「ファクトセットと私のクライアントだったデータハウスの扱っていた分野、つまり企業情報市場には一〇〇〇件近い大口顧客がいた。ファクトセットの場合は、年間二〇件の新規顧客を開拓すれば、この分野で力強い成長曲線を維持していくことが可能だった。そのことを知っていた彼らは、目標達成のための強力なアプローチを展開したんだ。

ファクトセットは潜在顧客と見込んだ会社に対して、二、三人のチームを送り込んだ。彼らはその会社に数カ月、ときにはもう少し長く留まり、あらゆることを調べた。たとえば、その会社がどのようにビジネスを進めているか、システムはどう動いているか（あるいは動いていないか）、人々は何に心を砕いているかといったことを調べた。

こうした貴重な情報に基づいて、ファクトセットは顧客の特色や経済状態に合わせてカスタマイズした情報製品やサービスを開発した。そして、首尾よく契約を獲得できた暁には、今度は膨大な時間をかけて自社製品を顧客のシステムに統合していった。このプロセスでのファクトセットの売上は微々たるもので、コストばかりが膨れ上がる。売上三〇〇〇ドルに対して経費一万ドルという具合で、月々の損益計算書には莫大な損失が書き込まれた」

チャオは先ほど書いた簡単な図を指しながら言った。「この三本の線は縦軸と横軸、それに損益分岐線を表している」

「縦軸が利益、横軸が時間ですね」スティーブは考えながら言った。

「その通りだ」チャオはスティーブにペンを渡しながら言った。「では、新規顧客に対する最初の三カ月間、ファクトセットの典型的な利益曲線がどうなるか描いてごらん」

スティーブはシンプルな曲線を描き加えた。

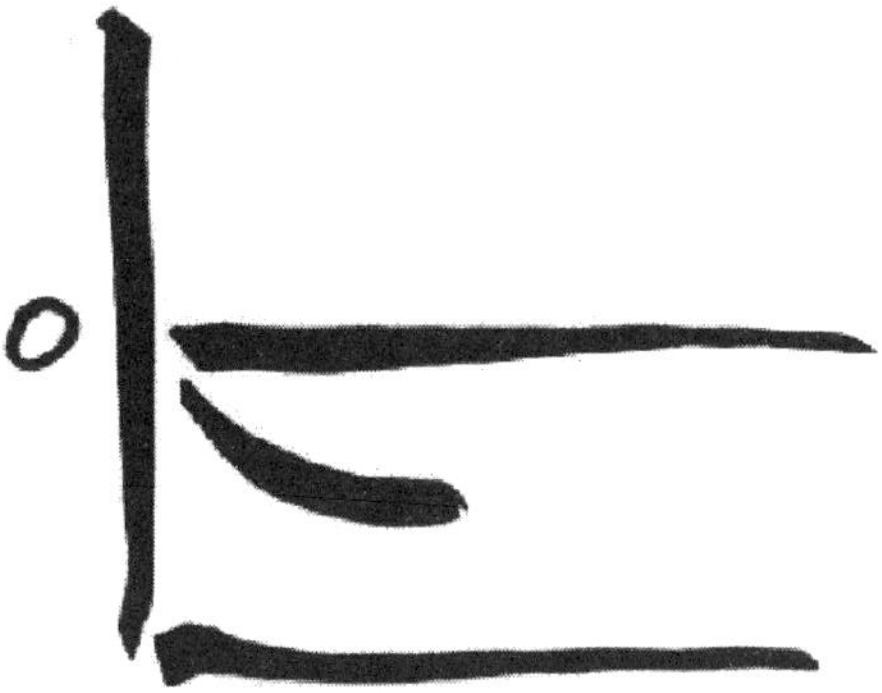

チャオはうなずくと先を続けた。「そうだ。しかし、事情はこのあと変わり始める。三、四カ月経つと、ファクトセットの製品は顧客の日常業務に溶け込み、彼らの開発したソフトウェアはデバッグされスムーズに機能するようになる。ここまで来ると、フルタイムで三人も投入する必要はなくなり、一人いれば、それもパートタイムで、十分にサービスを維持できる状態になる。

さらに、ファクトセットのデータがいかに優れているか、カスタマイズされたサービスがいかに効率的か、クライアント企業の社員たちに認識されるようになると、ファクトセットはますます有利になっていく。そして、毎月のコストが一万ドルから八〇〇〇ドルに減る一方で、売上は三〇〇〇ドルから五〇〇〇ドル、一万二〇〇〇ドルへと増えていくわけだ。図に表すとどうなるかな」

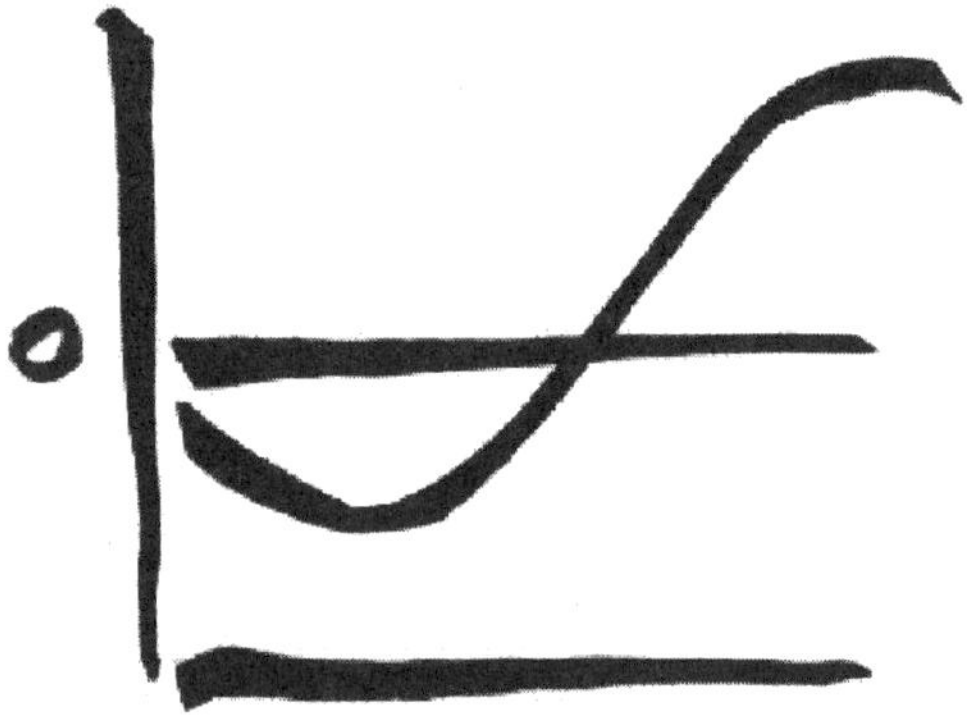

スティーブは少し考えてから、先ほどの線の続きを描いた。

「そうだ。これがファクトセット社の秘訣だ。シンプルで美しいと思わないか？」

「ええ。データハウス社にもこの秘訣を伝えたんでしょう？」

「もちろん」

「で、彼らはファクトセット・モデルを真似たんですか？」

「真似ようとはした」

「うまくいったんですか？」

チャオはため息をつきながら言った。「見ようによってはだな。結果的に赤字から一〇％の利益率に転じたのだから」

「つまり、利益ゼロから四〇〇万ドルに上がったということですね」

「その通りだ」

「で、ファクトセットのほうの利益率はどのくらいだったんですか?」

「君の計算ではいくらになるかな?」

「えーと、ちょっとそこの電卓を貸していただけますか」

するとチャオは計算機を使わずにやってみるよう促した。スティーブが鉛筆と紙ならいいかと訊ねるとOKが出た。

スティーブは鉛筆を持って数字を書き始めた。よく考えてみよう。ファクトセットの場合、約四〇人のスタッフで売上二四〇〇万ドルだ。人件費はいくらぐらいだろう。給料はいいはずだ。なかには年俸六、七万ドルがいるとしても、大半は一〇万ドルクラスだろう。各種手当はたしか給与の五〇%というのが相場だったはずだ。となると、給料や諸手当をすべてひっくるめても一人当たり二〇万ドルを超えることはない。四〇人分で計算すると人件費は八〇〇万ドル。

「さて、間接費は?」計算に没頭していたスティーブは、我知らず声に出していた。

「一〇%で計算してみなさい」とチャオが言った。

なるほど、売上の一〇%なら間接費は二四〇万ドル。オリジナルの情報提供者に支払うライセンス料も一〇%として、あとはその他もろもろの経費を多少上乗せすると――「利益率は四〇%、金額にしておよそ一〇〇〇万ドルといったところでしょうか」

チャオは笑いながら言った。「ほぼ正解に近い」

「つまり、データハウスは、ファクトセットに遠くおよばなかったわけですね」

「そういうことだ」

「腑に落ちません。あなたが全体的なプランを提供したんですよね。データハウスは、うまくいくと知った後もその戦略を踏襲し続けようとしなかったんですか？」

「まあ、そういうことだ」

スティーブは首を左右に振った。「本当ですか？　その会社はあなたの長いキャリアの中でも最悪の部類に入るでしょうね。他にも、成功の道をみすみす自分から断ち切るようなところで働いたことがありますか？」

「この世界ではいくらでも起こり得ることだよ。私が秘密のソースの完璧なレシピを授け、そのうえ絶好の機会に恵まれているのに、それを利用しようとしないというケースが現実にあるんだ」

「奇妙な話ですね。医者を訪ねておきながらせっかくの忠告を無視するようなものです」

「不思議と言えば不思議だ。しかし、人がわざわざ失敗を選ぶのには、いろいろな理由がある。ひとつには変化に対する心理的恐怖もある。データハウスの場合は、ファクトセット・モデルを真似ようとすると、これまでにない努力をしなければならない。それはあまりにも大変だと思ったんだろう。これも理由のひとつだ。しかし、突き詰めるとシンプルな答えに行き着く。ビジネスの成功に不可欠な、利益に対する純粋で絶対的な興味――これを持っている人が、実はほとんどいない。つまりはそういうことなんだ」チャオは椅子に寄りかかると両手を大きく横に広げた。

スティーブは眉を寄せて考え込んだ。本当にそんなことがあるんだろうか？　信じがたい。しかし、彼はデルモアのことを考えてみた。はたして、うちの会社のエグゼクティブがひとり残らず利益というものに真剣に関心を持っていると言えるだろうか？　製紙部門のトップが集った社外会議に出たときのことを思い出した。市場シェアが徐々に侵食され、製紙部門がゆっくり下降線を描くようになって、かれこれ一年になる。

しかし、議論の内容から判断すると、出席者の関心は製紙部門がすでにうまくやっている面に集中していた。つまり、細かな品質改善や生産効率向上など、利益には大して影響のないことばかりに議論が終始し、顧客ニーズなどはそっちのけだった。あのとき感じた漠然とした不安感。あれこそがチャオの教えを仰ごうと決心するきっかけになった。チャオの言う通りだ。ビジネスの世界には利益に関心のない人がいる、とスティーブは思った。

チャオには、そろそろスティーブが一日で学べる限界まで達したことがわかっていた。「今日はここまでにしておこう。今日のモデルは非常にシンプルなものだが、顧客ソリューション利益モデルとはどんなものか、核心にある考え方は何か、まとめてみなさい」

スティーブは少し考えてから口を開いた。「時間とエネルギーを注いで、顧客について知っておくべきことをすべて知ること。そして、その知識を顧客固有のソリューションの開発に活かすこと。短期の損失には目をつぶり、長期の利益を実現しろ、ということです」

チャオは笑いながら言った。「理解したようだね。では、もうひとつ訊ねるが、顧客を知らずに利益を生み出すことは可能だろうか？」

スティーブは口ごもり、デルモアの製紙部門のことを想像した。エグゼクティブたちはどう見ても顧客のことをよく知っているとは言えないが、少なくともいまのところは利益を出している。

「可能だと思いますが、確信は持てません」

「よく考えてみなさい。来週土曜日の同じ時間に会おう。今度は朝食を用意しておくよ。ベーグルとジュース、それにコーヒーでいかがかな？」

「十分です」

「来週はピラミッドについて話そう」

「ピラミッドですか？　エジプトの？」

「あれとは違う」

「何か宿題はありますか？」

「ファクトセットの利益曲線について考えること。それから、顧客ソリューション利益モデルが適用できるビジネスを検討すること。そして、その可能性をリストにすることだ」

「わかりました。でも、四時間もかかるでしょうか？」

チャオは含み笑いを浮かべながら言った。「かけようと思えばかかる」

「やってみます。ではまた来週」

「うむ、それでは、また」

スティーブはオフィスをあとにした。チャオは自分の机に戻り、窓の外をじっと見つめながらしばらく静かに座っていた。時間は朝九時を回り、数人のジュニア・パートナーたちが外のホールを行き来する靴音だけが聞こえていた。

2

ファイアウォールで利益を守れ——製品ピラミッド利益モデル

九月二八日。この日、ニューヨークは秋の冷え込みを伴う憂鬱なドシャ降りに見舞われた。夜が明けて三時間も経つというのに、人影のない通りは夜のような暗がりに閉ざされていた。

八時一〇分前。チャオのオフィスの入り口から、濡れて冷え切ったスティーブが中を覗き込んだ。天井の照明は消され、室内は暗く、チャオの机の上に置かれた真鍮のランプの黄色い暖かそうな光だけが一角を丸く照らし出していた。チャオは先週と同じチェックのジャケットを着て机に向かい、一心不乱に何かを書いていた。一行また一行、ゆっくり途切れることなく、黒い几帳面な文字がリーガルパッドのページを埋めていく。シーンと静まり返った静寂の中で彼が仕事をしている光景を、スティーブは魅せられたように見つめていた。

二分経った。書いていたページが終わると、チャオはページをめくってまた書き続けた。五分が過ぎた。薄暗がりに慣れてきたスティーブの目に、大きな窓を流れ落ちる雨のしずくや、チャオの背後の壁で静かに時を刻む時計のガラスの文字盤が見えてきた。スティーブは少し落ち着かない気分になり、どうしようか迷い始めた。チャオはいつになったらひと息入れるのだろう？　いつまで顔も上げず書き続けるのだろう？　来訪を告げるべきだろうか？　立ったままここでずっと見ていたと知ったら気を悪くするだろうか？

そのとき、ふいに穏やかなブザーの音が鳴り響いた。スティーブは初めてチャオの机の隅に黒い目覚まし時計が置いてあるのに気づいた。チャオは顔を上げると、時計のボタンを押してブザーを止め、スティーブのほうを見た。

「入ってきて座りたまえ」とチャオは声をかけ、立ち上がった。「よく来たね」彼が壁際のスイッチを入れると室内は白い蛍光灯の光で満たされ、オフィス全体が浮かび上がった。雨がきらきらと光っていた窓ガラスは、二人を鈍く映し出す不透明な壁に変わった。

「お仕事の邪魔になるといけないと思ったもので」スティーブは謝った。

「いや、ちっとも」チャオは笑いながら答えた。

「ここにいたのをご存知でしたか？」スティーブは純粋な好奇心から訊ねた。

チャオは唇をすぼめ、肩をすくめただけで答えをはぐらかした。「ファクトセットと顧客ソリューション利益モデルについては考えてきたかね？」

「はい」

「適用できるビジネスは？」

「実質的にあらゆるビジネスに適用できると思います」

「まったく君の言う通りだ。さっそく、リストを見せてもらおうか」チャオは笑いながら言うと、リストに目をやった。そこには五つのビジネスが記されていた。

［顧客ソリューション利益――適用可能なビジネス分野］

●工業用樹脂
●自動車部品
●通信機器
●個人向け金融サービス
●株式取引

「いや、株の取引には適用できないな」とチャオが言った。「あれはオークション、つまり純粋な競売だ。顧客との関係を構築してどうこうするというビジネスではない」

スティーブは反論しようとしたが、チャオは手を上げて押しとどめた。

「なかなかよくできている。今後も引き続き考えてみなさい。来週はこの利益モデルが適用できないい例をリストアップしてきなさい」

「ところで――」チャオは純粋な好奇心で訊ねているような軽い口調で言った。「デルモアは君がリストアップした分野を手がけているのかな？」

「もちろんです。樹脂と自動車部品と通信機器、最初の三つがそうです。自分の会社のことだからわかったんです」

「なるほど」とチャオは考え込んだ様子で言った。「それぞれの業績は？」

スティーブは仕事柄、数字には精通していた。「樹脂部門と自動車部品部門の売上はこの一年ほど下降気味です。当然利益も下り坂ですが、経営陣はこれは単にビジネスサイクルの問題であって、景気回復に伴って来年早々には上向きになると予想しています。通信機器部門のデルコムについては、過去五年間、売上は年間二五%を超える高い成長率で、利益率も見事です。CEOのトム・ケネディはことあるごとに、通信機器部門はわが社の偉大なサクセス・ストーリーだと自慢しています」

「で、君の意見はどうなんだ?」

わずかなあいだを置いて、スティーブは口を開いた。「正直なところ、経営陣の楽観的な見方を支える根拠を真に受けていいものかどうか、僕には確信が持てません」

チャオは興味をそそられたようだった。「ほう、それはどういうことだね?」

スティーブは社内事情をむやみに外部の人間に漏らさないよう教育されていた。チャオのことを疑う理由はまったくなかったが、会社に対する不安感をあけっぴろげに話すのは忠誠心に欠ける気がして躊躇した。

チャオはスティーブの気持ちを察して言った。「内部情報を聞きたいわけじゃないんだよ」

「わかっています。そういうことではなくて、何と言えばいいのか、裏切り者になりたくないんです。デルモアの人たちはすごくよくしてくれてますから」

チャオはわずかにうなずきながら言った。「君の気持ちを尊重しよう。話しにくいのならデルモアのことは話さなくていい」

スティーブはすぐに、自分の気持ちをうまく言い表せなかったことに気づき、思い切って言った。

「いえ、話せないと言ったつもりはないんです。ただ、僕は——なんというか、ちょっと引き裂かれるような気がしたんだと思います」

「なぜかね?」

スティーブは少し考え込んでから深呼吸をして話し始めた。「本当のことを言えば、デルモアに対する自分の気持ちが引き裂かれるような気がしたんです。みんないい人たちです。心からそう思います。でも、ビジネスリーダーとしても、もっと信頼できたらいいのにと思うんです」

「そう感じるのには、何か理由があるのかな?」

「ええ。通信機器部門がその典型的な例です。さっきも言いましたが、そこは順調に成長しています。利益率も高い状態が続いています。ところが、この数カ月のあいだに小さな競争相手がいくつか登場し、市場に参入してきました。聞いた話ですが、うちの通信機器部門はどう対処したらいいのか、糸口さえ見つからないらしいんです」

「なるほど」チャオは納得したようなしないような顔で言った。

「本当なんです。僕は通信機器部門の人間じゃありませんが、そこにいる友人と二週間に一度、ランチをとることにしています。彼が言うには、コスト削減しか頭にないらしいんです。サプライヤーを叩いて製品をできるだけ安く作るといったことです」

「それも大切なことだと思うが」

「もちろんです。でも、友人のフランクが言うには、たとえば、カスタマー・サービスの幅を広げるというような、コスト削減以外の提案をしても、ことごとく無視されてしまう。その一方で、新たに進出してきた競争相手はただ機器を売るだけではないビジネスを始めています。彼らは比較的小規模な金融会社などにコンサルタントを送り込み、情報システムの再構築を支援しています。デルモアにしてみれば、そんなことは小銭稼ぎにすぎないと思っているようです。実際そうなのかもしれませんが、競争相手が確実に成長していることだけは確かです。

　つまり、通信機器部門の連中は、自分たちのビジネスを定義し直すという考え方が気に入らないんです。その一方で、あたかも問題はコスト削減だけであるかのようにそれに没頭する。終わりなき消耗戦というやつですよ」

　チャオはしばらくスティーブの言ったことを考えていた。「なかなか面白いケースだ。最初の授業の後、フランクとは喋ったのかい？」

「まだです。今度の水曜にランチをとることになっています」

「デルモアの通信機器事業に顧客ソリューション・モデルを導入すべきだと言ったら、彼は何と言うかな？」

「わかりませんが、ぜひその話をしたいと思っています」

「話すべきだと思うね。さて、顧客ソリューション・モデルはこのへんにして、こんどは正反対の利益の領域《プロフィット・ゾーン》へ話を進めよう。この利益モデルは、ごく少数のビジネスにしか通用しないものだ」

「えっ？　それでも知っておくべきだと？」

「性急だな。考えてみたまえ。五〇の市場のうち、これから説明する〈製品ピラミッド利益モデル〉

が機能するのはたった一つかもしれない。だが、いつか君の会社がそのたった一つの市場でビジネスを展開するときがきたら、この利益モデルは何十億ドルもの儲けをもたらしてくれる。それでも知っておく価値がないと言えるかね？」

スティーブは相好を崩した。「何十億ドルですって？　それはぜひ」

「しかし、学ぶにはもっと正当な理由がある。新しい利益モデルを学ぶことで、発想を広げ、ビジネスの原則を把握し、他の優れた人の思考様式の一部を吸収できる。そうなれば、次に自分で物事を考えるときに役立つんだ」

チャオは机の引き出しから先週使ったリーガルパッドを取り出し、一枚目をめくって裏に折り返すと、向かい合った二人のちょうど真ん中に来るよう押しやった。

「一〇年前のことだ。私はオレゴン州ポートランドにあるソフトウェア会社のマーケティング会議で二〇〇〇人の聴衆を前に講演した。我ながらいい内容だと思っていたが、もう一人のゲスト講演者の話はもっとよかった」

「誰だったんですか？」

「玩具メーカー、マテル社のシニア・バイスプレジデントだ。予定では同社のＣＥＯのはずだったんだが、ぎりぎりになってキャンセルせざるを得ない用事ができたらしい。ビジネスの世界でも、心臓科医の世界でも、現場に立つ人間にはよくこういうことが起きる。そういうわけで、ＣＥＯの代わりに演壇に立ったのがゲーリーという研究畑の男だった。彼はスライド一枚使わずに一時間喋り通した。私は魅せられたように聞き入り、なぐり書きで必死にメモをとった。

彼の講演が終わると、聴衆は一斉にコーヒーを飲みにホールに出た。私はいまの話をどう思うかと興奮して訊ねまわった。ところが連中は飽き飽きしていて、『バービー人形がどうだって言うんですか！　うちはソフトウェア会社なんですよ！』と端《はな》からバカにしきっていた。私は本当に驚いたね。連中にはわからなかったんだ。何ひとつ、まったく気づかなかったんだ」

「何がわからなかったんですか？」スティーブは訊ねた。

「ピラミッドだよ」

「ピラミッド？」

「そう。ピラミッドだ。では、マテルでそれがどう機能しているか説明していこう。同社の商品であるバービー人形は、二〇ドルとか三〇ドルで売られている。他社はこの低価格市場には簡単に参入できる。そこで必要なのが防火壁《ファイアウォール》だ。他社の追随を防ぐために、一〇ドルのバービー人形を売り出して廉価市場への他社の参入を封じ込める。ここではほとんど利益は上がらないが、他社が自社の顧客と関係を結ぶ道を塞ぐことはできる。それに、最初は一〇ドルの人形しか買わなかった顧客も、やがてはアクセサリーや他の人形が欲しくなるものだ。その部分ではそれなりの利益が上がる。

しかし、マテルはさらに本当の意味での成功を収めるために、廉価市場とは対極的な方向にも目を向けた。そして、登場したのが一〇〇ドル、二〇〇ドルの市場だ」

スティーブは半信半疑だった。「六歳の娘に二〇〇ドルもの人形を買い与える親がいるんでしょうか？」

「もちろんいない。マテル社だってそんなことは想定していない。だが、小さな娘ではなく、その母親のことを考えてごらん。彼女には二〇年か三〇年前、バービー人形で遊んだ思い出がある。とても気に入っていた。そして、いまは自由になるお金を持っている。そういう母親なら、精巧で手の込んだ高級バービー人形を買おうとするだろう。こうなると、ただのおもちゃではなくてコレクターズ・アイテム、つまり、熱狂的なファンが大枚はたいても手に入れようとする中国の茶器や稀少切手と同列になる。顧客にこれ以上ないほどの満足感を提供することができて、同時に会社にも膨大な利益が転がり込むというわけだ」

「ベビー・ブーマー世代のおもちゃへのノスタルジーをかき立てる見事なコンセプトですね。でも、他のビジネスにも応用できますか?」

「マテルのコンセプトが本当に優れている点は――」とチャオは説明を続けた。「このコンセプトによってバービー人形がもはや単なる製品ではなく、システムになったことだ。入念に作り上げられ、調整され、統合されたシステムだ。ピラミッドの最下層にはファイアウォールとして機能する防衛のための製品が、そして最上層には強力な利益製造マシーンが配備されている。実に見事だ!」

チャオは自分の銀のペンを取って図を書き始めた。四本の線で横長の長方形を描き、その上に三つの小さな箱が載っている図だった。

彼はペンを置くと訊ねた。「ところで君は、現在と将来を含むすべての顧客を理解することなく、マテルがピラミッドを構築できたと思うかね?」

「できなかったと思います」そう答えながらスティーブは、突然、先週の授業の最後で、顧客を理

解することについて訊ねられたことを思い出した。

「では、この製品ピラミッド利益モデルが実際に適用されている分野を挙げてごらん」

スティーブはじっくり考えてみた。「よくわかりませんが、複数の価格帯を設けているところはたくさんあります。これをピラミッド・モデルと考えていいんでしょうか？」

「君は車を運転するかい？　運転するなら週に一回は製品ピラミッドに出会っているはずだ。よく考えてごらん」

チャオの言葉でピンときた。「そうか、ガソリンスタンドですね。レギュラー、プレミアム、スーパー・プレミアム。あれですね」

「そう。ただし、あれは出来の悪い製品ピラミッドだ」

「なぜですか？」

「君はどのガソリンを買うかね？」

「こだわっていませんが、おそらく一番安いのです」

「なぜ安いのを買うのかな？」

「そんなこと考えたこともありません」

「そうだろうとも！」とチャオは叫んだ。「つまり、ガソリンの製品ピラミッドはこんな図になる」彼はページをめくると、素早くもうひとつのピラミッドを描いた。

「なんだかてっぺんが貧弱なピラミッドですね」

「だから出来が悪いと言ったんだ。ガソリンの場合、ハイエンド製品はまったく知られていない。買う理由がなければ、誰も買おうとしないだろう。つまり、せっかく製品ピラミッドという素晴らしいコンセプトがあっても、出来が悪ければ台無しということだ」

「その違いはどこにあるんでしょう？」

「いい質問だ。ピラミッドが機能するにはいくつかの要因がある。まずはそのピラミッドが異なる価格帯の単なる寄せ集めであってはならないということ。そもそもピラミッドとは、低価格帯商品を売ることで、他社がもっと安い値段で市場シェアを奪う可能性を実質的に断ち切るシステムなんだ。これがピラミッドの最下層をファイアウォールと称するゆえんだ」

「わかります」

「だが、最も重要な要因は顧客たちの特性だ」

「というと？」

「考えてみなさい。マテルがあれだけ有効な製品ピラミッドを維持できるのは、バービー人形の顧客が持っているどんな性質のおかげかという点を」

スティーブは考えてみた。「顧客もある種のピラミッドを形成していると思います」

チャオは力強くうなずいた。「その通りだ。顧客自身が、求めているものも価格感応性も異なるヒエラルキーを形成している。なんの変哲もないただの人形に一〇ドル以上出す気にはなれないという人もいれば、ユニークな製品なら大金を出しても手に入れたい人もいる。マテルの製品ピラミッドは、そのどちらをも取り込むことができる。ただし、どんな市場でもこんなふうに階層に分けられるわけではない」

「他にどんな製品ピラミッドがあるんでしょう？」

「自分で考えてみなさい。今日はここまでにしておこう。来週までにそのリストを作ってきなさい。ああ、傘を忘れないように」

3 同じ製品で異なるビジネスを――マルチコンポーネント利益モデル

一〇月五日。この一週間というもの、ニューヨークは秋によく見られる激しい天候の変化に見舞われたが、この日は目も覚めるような秋晴れだった。チャオのオフィスは自然光とは思えないような明るい光で満たされていた。スティーブが到着したとき、チャオはちょうど自分の机から立ち上がったところだった。

「さあ入りなさい」チャオは元気に声をかけた。「電気は消しておこう。必要なさそうだからね」

スイッチを消したとたん、二人は驚いて顔を見合わせた。朝の日差しがあまりにも強烈で、天井の光が消えても室内の明るさがいっこうに変わらなかったからだ。ただ、光の質が微妙に変わったように感じられた。オフィスの隅々にまで射し込んだ太陽の光に、二人は言葉もなく見とれていた。スティーブはきらめく光に満ちた超現実的な水槽の中を泳いでいるような不思議な感覚にとらわれていた。

「魚にでもなったような気分かな?」チャオが訊いた。

スティーブは驚いてチャオを見つめた。「ええ。でも普通の魚ではありません」彼は右手をゆっくり上げて、降り注ぐ太陽の光を見つめた。

「光の魚だね」

「まさにそうです」スティーブが笑うとチャオも笑顔で応え、二人はしばらく黙ったまま光のアクアリウムに浸っていた。

ようやく、チャオが沈黙を破った。「そろそろ始めたほうがよさそうだ。君だって、美しい光を一緒に見つめるためだけに私に授業料を払うわけじゃあるまい。では、例の製品ピラミッド利益モデルのリストを見せてもらおうかな」

スティーブはポケットから一枚の紙を取り出した。

［製品ピラミッド］
●ノキアの携帯電話
●ＧＭ（ゼネラル・モーターズ）の乗用車
●アメリカン・エキスプレスのカード

チャオは眉を寄せてリストを検討していたが、それはリストが気に入らないからではなかった。

「よくできている。上出来だ」彼はリストを返しながら話し始めた。「ノキアは君の言う通りだ。あそこはファイアウォールたり得る最低価格帯を含めて、さまざまな価格帯のデジタルフォンを揃えた完璧な製品ラインを構築している。ＧＭも然り。アルフレッド・Ｐ・スローンのもとで、最下層にシボレー、最上層にキャデラックというピラミッド・モデルを一九二〇年代に確立した」

ほめられて嬉しかったスティーブは、このまま話を続けたくて訊ねた。「三つ目のアメックスのカードですが、これを製品ピラミッドと見なすのは無理がありますか?」

「いや、そんなことはない」とチャオは答えた。「優れたピラミッドとは言えないが、一応、グリーンカード、ゴールドカード、プラチナカードと製品ピラミッドの形を成している。いまではどこのクレジットカード会社もアメックスの戦略を真似ているしね」

ここでチャオは話題を変えた。「いまはここまでにして、あとは思いついたときにリストに付け加えていきなさい。たとえば、スイスの時計メーカー、スウォッチなんかはどうかな。リストの数が一〇以上に増えるかどうか、おいおい見ていこうじゃないか。さて、今日はこれから〈マルチコンポーネント利益モデル〉について話そう」

スティーブはチャオの言葉に集中した。

「この利益モデルを理解することと適用することは別物だ。私は理解したが、実際に適用したのは友人のバートンだった。彼はこの考え方を現実に実行したんだ」

「大したものですね」とスティーブはいくぶん皮肉っぽく言った。「ところで、マルチコンポーネント利益というのは、そもそもどんなものなんですか?」

チャオは鷹揚な笑みを浮かべて背もたれに寄りかかると、両手の指先をアーチ型に合わせ、天井を見つめながら静かに説明し始めた。

「多くのビジネスはいくつものピース、つまり構成要素《コンポーネント》から成り立っている。各々のピースは必ずしも同じだけの利益を生み出すわけではない。実際のところ、あるものは高く、あるものは低く、またあるものはゼロというように、収益性の面で著しく不揃いなことのほうが多い。

　コカ・コーラを例に挙げてみよう。たしかに製品はひとつだが、いくつものビジネスを展開している。食料品店、レストラン、自動販売機といったコンポーネントを持っており、利益の大半はレストランと自販機の売上から生じている」

　いぶかしげなスティーブの表情を見て、チャオが訊ねた。「自販機でコーラを買う場合、一オンス（三〇ミリリットル弱）当たりいくらになるか計算してごらん」

「えーと、一二オンスで七五セントだから、一オンスにつき六、七セントでしょうか」

「では、レストランの場合は？」

「たぶん一〇セントから一二セントでしょう」

「食料品店の場合はどうだ？」

「二リットル入りのボトルを一ドル一九セントで売っているので、一オンスだとわずか二セントくらいか――ずいぶん違うんですね」

「同じ製品で異なるビジネスだ」とチャオは締めくくった。

　スティーブは考え込んだ。「ちょっと待ってください。このモデルとピラミッド・モデルはどこが違うんですか？」

「と言うと？　似ていると思うのかね？」チャオは訊ね返した。

「ええ。どちらも異なる顧客グループに異なる価格帯の商品を提供することで利益を上げていますから」

「必ずしもそうとは言えないな。コカ・コーラの場合、君はどの顧客カテゴリーに入るのかな？」

「オフィスではいつも自販機のコーラを買います」

「他で買うことは絶対にないかい？」

「いいえ、たまにはレストランでも。それに、先月一週間ハンプトンズに行ったときは、スーパーで二ケース買いました。……そうか！　おっしゃる意味がわかりました。自分のいる場所に応じてすべての価格帯のコーラを買っているわけですね」

「そう。同じ製品で異なるビジネスだ。ところが、バービー人形の製品ピラミッドは、複数のまったく異なる製品で形成されていて、それぞれが明確に異なる顧客層をターゲットとしている」

「なるほど。よくわかりました」

「よろしい。今度はホテルを考えてみよう」チャオは話を進めた。

「ホテルにもたくさんのコンポーネントがある。個人客を泊めるシングルルーム、二〇人規模の会議室、三〇〇〇人規模の三日間にわたるコンベンション会場。それぞれのコストと価格を比較してみたまえ。同じような部屋でも売り方はいくらでもあるんだ。


本屋の場合でも、店舗販売、地元読書サークル向け、オンライン販売、企業相手と、同じ本でも売り方はさまざまだ。つまり、コンポーネントごとに利益特性が異なる。

古くからの友人、バートンの話に戻るが、彼は洞察力に富んだ、頭の切れる、それでいて傲慢なところが微塵もない人間だった。私たちはある経済調査会社にいたときに出会った。彼には組織というものに対する卓越した洞察力があった。あれで政治的な立ち回りができたら十分CEOになれるだけの人材だった。間違いなく非常に優れたCEOになっていただろう。だが、彼は五三歳のとき、私ともう一人の友人にそそのかされて、ほんのひと握りのCEOにしかできないことをやってのけた。本を書くという偉業だ。その本は会社組織のシステムと収益性の関係を論じたものだった。彼は一五年かけてこのテーマを追究していたが、最後はケープコッドにコテージを借りて一一週間で書き上げた。

バートンは著者としては恵まれていた。出版社が熱心に販促活動を展開してくれたんだ。その一環として、町の小さな書店の経営者で作ったグループに何度か講演を行なう機会があった。聴衆の中には彼の話に興味を抱き、自分の店に応用できると考える人々もいた。彼らのような弱小書店は大型の全国チェーン店の進出で息もたえだえの状態で、一刻も早く収益性を改善できるかどうかに生き残りがかかっていた。バートンの著書は彼らに希望を与えた。

なかには、彼に新しいビジネス戦略を開発する手助けをしてほしいと言ってくる人もいた。すでに手に余るほどのクライアントを抱えていたバートンは、当初は首を縦に振らなかったが、ミッド・アトランティック書店協会という団体だけは、何度断ってもしつこく食い下がってきた。彼はついに折れ、書籍小売業のことを少し詳しく見てみようと約束したんだ。そして、ここから彼の類い稀な体験が始まった。

バートンは、投資家のウォーレン・バフェットがいまほど有名になる一五年も前から彼の投資理論を熱心に学んでいたが、その過程で、これまたいまほど知られるようになるずっと前にコカ・コーラの戦略分析を行なった。そして、コカ・コーラの展開するさまざまなコンポーネントが、まったく異なる利益特性を持っていることを突き止めていた。彼は書籍小売ビジネスを分析するうちに、書店にもこれと同じ戦略が適用できると思ったんだ」

「どのようにですか？」

「彼は、書籍販売では、店頭売りという基礎の上に新たな高収益コンポーネントを築けると考えた。すなわち企業向け販売、読書サークル向け販売、個人向け直販といったコンポーネントだ。そして、ミッド・アトランティック書店協会の協力で何カ月か調査を行なったのち、彼らの外商活動を徹底的に強化するプログラムを開発した。

その内容は実にシンプルだった。二人の顧客担当マネジャーが、まず企業の図書室や人材開発部門を訪ねて新刊を売る。次に、地域の読書サークルにサービスを提供し、最後に高額購買層の個人向け販促を展開するというものだ。ある意味では、最初からわかっていたようなことばかりだ。書店だって優良顧客が年間五〇〇ドル近く本を買うことは知っていた。だが、その最良の顧客たちが異なるコンポーネントを代表していることや、そのコンポーネントを意識的にターゲットにすれば成長可能だということには、まったく気づいていなかった。これはシンプルだがパワフルな洞察だった。

やがて、書店協会の中でも頭が柔らかくて腰の据わった二〇人ほどのメンバーが、バートンのプログラムを実行に移した。結果は予想を遥かに超えるものだった。人件費はほとんど増えず（顧客担当マネジャーの経費は合わせて八万ドル）、設備投資の必要もなく、書店のありようだけが変わ

	従来モデル（100万ドル）	従来＋外商モデル（100万ドル）
売　上	10.0	12.0
経　費	9.9	11.0
利　益	0.1	1.0
売上高利益率	1%	8%
資　産	3.0	3.0
総資産利益率	3%	33%

っていった。瀕死だった書店が、驚くほど高い収益性を誇るビジネスに生まれ変わったんだ。表にある数字を比較してみればわかるだろう。

「三年間で書店は大きく変わっていった。プログラムを導入した書店の大半は、二〇〇件の法人顧客（企業、法律事務所、会計事務所など）、一〇〇件から二〇〇件の読書サークル、五〇〇件を超える高額購買層の個人や家庭を開拓することに成功した。その結果、売上は飛躍的に伸び、顧客満足度も大いに高まり、売れ筋の本や顧客が読みたがっている本に関する情報も早く手に入るようになった。

書店経営者の考え方の変わりようは面白かった。それまで、かろうじて生計を立てられればよしとしていた単なる本好きの連中が、次の儲けの仕組みは何かとバートンに訊ねてくるようになったからだ」

「求めよ、さらば与えられんですね」

「その通り。しつこく、あきらめずにアプローチすれば、バートンが手を差し伸べてくれるというわけだ。彼は強引ではないが非常に粘り強い人間だった。そして書店がきわめて厳しい競争に生き残る手助けをしただけでなく、ついに彼らを金持ちにしたんだ。書店のような小規模ビジネスにとって、税引き前利益が年間一〇〇万ドルというのはとてつもない数字だよ。

大型店の進出で全国の小さな書店が一店また一店と店を畳んでいく様を目の当たりにするのは、彼らにとってたまらなく辛いことだったに違いない」

「バートン自身はどうだったんですか？　彼もかなり儲かったはずですよね？」

「いや、事態が普通に推移していれば儲かっていなかったと思う。彼には自分のアイディアを無償、あるいはタダ同然で分け与える傾向があったからだ。彼はどこかモーツァルトに似ていて、ものすごく頭がよくクリエイティブで、それでいてお金にはとんと縁がなかった。家族はたまったものじゃなかっただろう。ただしこの話のエンディングは、いつもとは違っていた。キャロル・ウッドワードの登場によってね」

「誰です？　その女性は」

「キャロルは書店協会に所属する書店主のひとりで、並外れたエネルギーを持ったヤル気満々の素晴らしい女性だった。客を愛し、本を愛し、仕事を愛する、非常に優れた書店主だったが、こと戦略となるとまるでお手上げ状態だった。ところが幸運にも、彼女はバートンに自分のビジネスに欠けているもの、つまり、新しい発想の賢いビジネスモデルを提供してくれる力があると見込んだんだ。

彼女が自分に必要なものをバートンが持っていると確信した時点で、彼はもう逃げられない運命だった。彼女こそ、バートンを書店プロジェクトに引き込んだ張本人だ。彼にはキャロルの決意に抗《あらが》う術はなかった。まあ、昔からよく言われる『石を卵にぶつける』ようなものだね」

「なんですって?」

「いや、失敬。君はまだ『孫子(*The Art of War*)』(邦訳、中公文庫ほか)を読んだことがないんだね。その話はいずれ折りを見てにしよう。私が言いたいのは、キャロルが組織をまとめてプロジェクトを成功に導いたということだ。プログラム開始後も、数カ月ごとに電話で律儀に進行状況を報告してきた。バートンにしてみれば、書店経営が軌道に乗ったことは、いわば石ころだらけの庭に満開の花が咲いたようなもので、無上の喜びだった。

それから三年後にキャロルは二〇名の書店主を集めたディナーの席を設けた。その時点で彼らは一人残らず、年間一〇〇万ドルを超える利益を達成していた。ディナーの席で彼女は誰も予想しなかった挙に出た。自分はバートンに一〇万ドルの小切手を贈ると宣言したんだ。さらに彼女は、出席者全員が自分と同じことをするものと期待していると述べ、『皆さんがどれだけ利益を上げているかはわかっています。払う余裕がないとは言わせません。もし小切手を書かないようなら、私の手で必ずや皆さんを生き地獄へ送り込むつもりです!』とぶち上げた。

出席者はしばらく腕を組んで考え込んだ。しかし、翌週になってバートンの家に二〇通の書留が届き、それぞれに一〇万ドルの小切手が同封されていた。そのときのバートン家の様子たるや目に浮かぶようだ。はしゃぎ回る四人の子供たち。親だって同じだ。史上最高のクリスマス。そんな感じだったに違いない」

スティーブは呆然とした。「まるでおとぎ話ですね」

「ごくごく稀にだが、こんなこともあるさ」

「で、その後バートンはどうなったんですか？」

「彼は即座に会社を辞めたよ。思いがけない贈り物を元手にした投資収入は、微々たる給料より遥かに大きかったからね」

「バートンはその後も何か書きましたか？」

「会社を辞めた時点で次の著作に取り掛かろうとしていたが、けっして完成することはなかった」

「なぜです？」

チャオは肩をすくめた。「プレッシャーがなければ結果も出ない。かのチャールズ・ディケンズはいくつ小説を書いたんだったかな？　三〇篇か四〇篇か。なかにはかなりの長篇もある。だが、代表作と言われるもののほとんどは、締め切りまで二四時間という切羽詰まった状況で書かれたと言われている。バートンも、我々の多くと同じで、誰かに頼りにされているという状況がなければ仕事を完成させることはできなかったんだ」

「残念ですね」

「いや、そうとも言えない。それだけのことをして引退したのだから」

「バートンはマルチコンポーネント利益モデルを発見し、それを使って引退後の豊かな幸せを手に入れたわけですね。他にもこの利益モデルを適用できるビジネスはありますか？」

「いい質問だが、それは君の宿題にしよう。次までにマルチコンポーネント利益モデルが有効な分野を三つリストアップしてきなさい。清涼飲料水と書店は除くこと。それとホテルもだ。種明かしがすんでいるからね」

三つなら楽勝だ、と内心スティーブは思った。デルモアならこのモデルを適用できる部門が三つはあるはずだ――実際、三つぐらいならすでに実施している部門もあるだろう。彼の考えは間違っていたが、このときはまだ気づいていなかった。

「今回は課題図書も出そう。ずいぶん昔に書かれた『明白なアダム（*Obvious Adams*）』という薄い本だ。オリジナルは一九一六年のサタデー・イブニング・ポスト誌に掲載された」

スティーブはどこの出版社から出ているのか訊ねた。

「いや、心配ない。これだ。他で探すより私のコピーを持っていったほうが手間が省ける。内容が時代遅れだと言う人も多いが、賢明な君ならそうは思わないはずだよ」

「ところで、マルチコンポーネント利益モデルを図で表すとしたらどうなりますか？」とスティーブが訊ねた。

「どうなるかな」チャオは笑いながら紙に向かい、ペンを持つと少しのあいだ手を宙に浮かせて考えていたが、三〇秒ほどして、驚くほどのスピードで一気に図を描き上げた。

「左側の大きな四角は基盤となるビジネスだ。右側の小さな四角はコンポーネントを表している」

チャオは図を見つめながらしばらく考え込んでいた。まるで、いくつものコンポーネントが自分の描いた箱の中に流れ込む様子をイメージしているようだった。「では、スティーブ。この利益モデルの背後にある考え方をまとめてごらん」

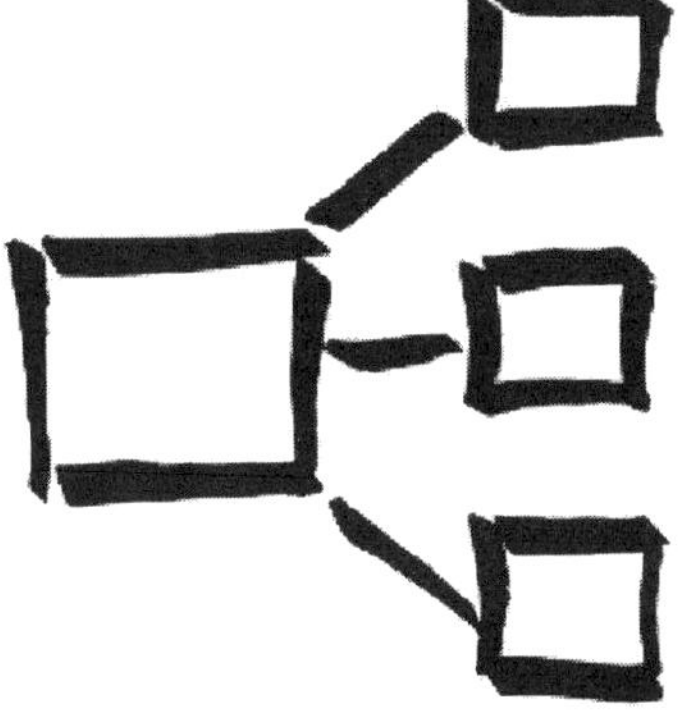

　スティーブは頭の中で整理してみた。「ビジネスにはさまざまなコンポーネントがあり、それぞれ収益性が大きく異なるということです」

「それから？」

　スティーブは言葉に詰まった。

「顧客については？」

「ああ、そうでした。顧客は購買機会に応じて異なる購買行動を示します」

「と言うと？」チャオは畳みかけた。

「非常に幅のある価格感応性を示すということです」

「その通りだ」とチャオはうなずいた。

　スティーブが席を立とうとすると、チャオが引き止めた。「ところで、フランクとのランチはどうだったかな？　顧客ソリューション利益モデルと通信機器ビジネスについて話したいと言っていたが」

「ええ、忘れるところでした。彼にその話をしましたよ」とスティーブは困った様子を見せた。「納得したわけではないんですが、あのモデルは通信機器には、少なくともデルモアの通信機器部門であるデルコムには適さないという結論に至りました」

「その理由は？」

「フランクの話では、マーケティングの連中の主張は一貫していて、価格を抑えろという顧客からのプレッシャーが強すぎて、完璧な顧客ソリューションを提供する方向にサービスを拡張したところで受け入れてもらえないと思っているそうです」

「うーん、それはまずいな」

「通信機器業界がですか？」

「いや、デルモアがだ」

「どういう意味でしょう？」

「もしデルモアの通信機器部門が、顧客が喜んで付加価値分を支払ってくれる顧客ソリューションを見出すことができなければ、フランクも彼の同僚たちも、遠からず通信機器ビジネスから撤退せざるを得なくなるだろう」

スティーブの目に驚きが走った。「そんな、あそこは順調に伸びてるんですよ。それに、安くて品質の高い通信機器市場がなくなるとは思えません。取り越し苦労だと思いますが」

「だといいんだがね。非プロフィット・ゾーンへの転落をみすみす放っておけば、成長はおろか利益を確保することさえ非常に難しくなる。いったん土台にひびが入ったら、建物はあっという間に崩れ去るものだよ」と言いながらチャオは立ち上がった。「そこのところをよく考えてみたまえ」

授業は終了した。チャオはリーガルパッドを引き出しにしまい、スティーブはオフィスをあとにした。スティーブの頭の中にはチャオの最後の言葉が引っかかっていた。非プロフィット・ゾーン……あっという間に崩れ去る……よく考えてみたまえ……。あれも彼の利益についての授業の一環だろうか、それともデルモアに何らかの警告を発しているんだろうか？

地下鉄の駅に着く頃には、月曜の朝まで待たず、今日の午後にもフランクに電話しようとスティーブは決心していた。彼は首をかしげながら思った。そろそろうちの通信機器ビジネスにも新しい風を吹き込む時期がきているのかもしれない。ああ、誰かもっと頭の切れるヤツが現れればなあ。

4

臨界点を目指せ——スイッチボード利益モデル

一〇月一二日。スティーブがいつもと同じ時刻にオフィスに到着すると、チャオは椅子にもたれて目を閉じていた。眠っているんだろうか？　スティーブは開かれていたドアの前で立ち止まって咳払いをした。チャオはピクリとも動かずに片目だけ開け、まるで吟味するようにじっとスティーブを見つめた。それから、やおら上体を大きく前に倒すと元気よく「おはよう」と言って、ゲスト用の椅子にかけるよう手招きをした。

「ちょうど『明白なアダム』の中の大好きな一節を思い浮かべていたところだ」

スティーブはニヤッと笑った。宿題の本は読んできていた。「どの部分か当ててみましょうか？」

「ほう、わかるかな？」チャオは楽しそうに訊ねた。「どこだと思う？　言ってごらん」

「オランダには山はない」スティーブは抑揚をつけて引用した。

チャオは声高に笑いながらバンと机を叩いた。「いやぁ図星だ！　君も捨てたもんじゃないぞ！」

そして、二人とも笑い出した。

「わかっているとは思うが——」チャオはいくぶん真剣な口調で言った。「自明は必ずしも自明ならず、だ」

「どういうことでしょう？」

「オランダについて何か知っていなければ、オランダには山がないということも知りようがないということだよ」とチャオは答えた。「ものを問うプロセスを勝手に省いて、山があると思い込んでいる人が実に多いということさ」

「おっしゃる意味がわかりました」とスティーブは笑った。

「今日は〈スイッチボード利益モデル〉について話そう」

「スイッチボード利益？　昔ながらの電話回線に関係がありそうには思えませんが、あの配電盤《スイッチボード》ですか？」スティーブの頭の中には、まだデルモアの通信機器ビジネスのことがこびりついていた。ついこの前の日曜日もフランクと会い、減益を食い止めるために必要なことは何かを議論したばかりだった。もっとも、話す前より解決策に少しでも近づいたという気にはまったくなれないまま別れてしまったが。

「いや、そのスイッチボードとは違う。イメージはそれほどかけ離れていないがね。私はこのスイッチボード・モデルがとくに気に入っているんだ。他の利益モデルには見られない優雅さを兼ね備えているからね」

　チャオにかかると、利益モデルがまるで長年の親友か見事な芸術作品であるかのように聞こえる。スティーブは微笑みながら「では、そのモデルについて教えてください」と促した。

「先週は友人のバートンの話をしたね。彼はコカ・コーラを研究したが、同じ頃、私はマイケル・

オーヴィッツについて調べていた」

「あのハリウッドの名高いタレント・エージェントの？」

「そうだ。私は彼の名前が世に出始めた八〇年代初期までさかのぼって、そこから彼がたどってきた道を調べてみた。当時のことを調べるのはなかなかてこずったが、辛抱強く芸能紙を読み漁ったり、ロサンジェルスでさまざまな人の話を聞くうちに、彼の全貌を解明することができた」

「どんなキャリアの持ち主なんですか？」

「マイケル・オーヴィッツはテレビのタレント・エージェントとして出発した。テレビの世界ではパッケージ方式で、一括して売り込むのが常だ。つまり、ハリウッド映画の世界のように悠長で効率の悪い制作プロセスを許容できるだけの儲けが見込めないため、タレント・エージェントが脚本家、主演俳優、ディレクター、助演陣を一括した完全なパッケージを番組制作会社に送り込む。番組を制作する側にしてみれば、パッケージの質やエージェントの力量もさることながら、ある種のワン・ストップ・ショッピングを提供してもらえるという利点があった。


オーヴィッツはこの方式をテレビの世界で完全に自分のものにしたあと、映画制作の世界へ持ち込んだ。もちろん、テレビに比べると遥かに困難だったが、彼はそれをやり遂げたんだ」

「というと、スイッチボードとは、タレントをまとめ上げ、パッケージにするという意味ですか？」

「いや、そうではない。パッケージにするというコンセプトはスイッチボード構築のための第一段階にすぎない。スイッチボードを成功させるにはパワーがそこに集中していることが不可欠だが、パッケージにするだけではそうはならない」

「続けてください」

「オーヴィッツの第二段階は脚本の調達だった。テレビでも映画でも、優れたストーリーがあって初めてこのシステムは機能する。すべてはストーリーを核に構築されるんだ。これに気づいたオーヴィッツはストーリーの供給源を確保する必要があると考えた。

そこで、彼は当時ニューヨークで最大手の著作権代理店《リテラリー・エージェンシー》を営んでいたモートン・ジャンクローに近づこうとした。もちろん一筋縄ではいかなかった。会ってもいいという約束を取り付けるまで、なんと一年にわたって毎週電話し続けたそうだ。しかし、いったんコネをつけてしまえば、ジャンクローは彼にとって黄金の鉱脈となった。ジャンクローは国内でもトップクラスの小説家や短篇小説家、ジャーナリストの著作を扱うエージェントだった。彼らがオーヴィッツのストーリー調達源となった。

質の高いストーリーが次々と入ってくるようになると、彼のタレントに対する影響力が強まり、そのタレントを組織することによって映画制作会社への影響力も強まる。彼は優れたストーリーを売れっ子俳優とディレクターに持ち込み、この三つを一括りにしてヒット作に飢えた映画制作会社に売り込むようになったんだ。これは実に見事なアイディアだった。もっとも、優れたアイディアというのは、あとから考えれば、なんだそんなことかと言いたくなるような当たり前のことが多いんだがね」

「つまり、それがスイッチボードなんですね?」

「いや、まだ完成していない」

「第三段階があるんですか？」

「うむ」

「何ですか？」

「自分で考えてみなさい」と言うと、チャオは突然席を立ちオフィスから出ていった。あとにはひとりスティーブが残された。

一分経ち、二分経つうちにスティーブは悟った。チャオはしばらく戻ってこないだろう。彼は答えを一人で考えてみることにした。最初はゆっくりと整理しながら考えていたが、やがて夢中になってチャオのサイドテーブルにあったリーガルパッドをつかむと、頭に浮かんだ考えを次々に書きつけていった。線で消し、新しい考えを書き加え、また書き直しては計算し、修正しては計算し直す作業に没頭した。

三〇分が過ぎ、一時間が過ぎた。やがて答えの輪郭が見え始めた。初めはぼんやりとしていたが、次第にはっきりとしてきて、ついに答えに到達したと彼は思った。ペンの動きもゆっくりになり、すべてが納まるところへ納まったのだ。

そのとき、立ち去ったときと同じように突然チャオが戻ってきた。手には特有の几帳面な文字や数字がいっぱいに書き込まれた黄色い紙を六枚持っていた。彼も同じことをしていたのだ。スティーブはその紙をじっと見つめながら訊いた。「どうしてまた？　答えはおわかりになっていたはずですよね」

チャオは自分の席に着くと机の上に紙を置いた。「もちろんだよ」

「それならなぜ？」

「一時間かけてゼロから組み立て直してみたんだ」チャオは静かに言った。「でも何のために？」

「教師にとって、ときには生徒と同じ土俵に立つことも大事なんだよ」

二人は視線を合わせたまま、しばらく座っていた。

「それで？　どんな答えが出たか聞かせてもらおうか？」

「クリティカル・マス、つまり臨界点です」

「続けて」チャオが励ますように言った。

「説明します。ストーリーの供給源を確保し、タレントのパッケージを作り上げるのに必要な説得力と腕があったとしても、しょせんは二つの変数をコントロールしているにすぎません。そこには三つ目の変数が存在します――すなわち量です」

「というと？」

「パッケージを提供しても、掌握しているタレントの数が市場の三％にすぎなければ、ビジネスは先細りしていきます」

チャオは笑顔を見せた。「なかなか面白いぞ」

「ハリウッドの世界には疎いのですが」とスティーブは続けた。「思うに、当時存在したそこそこの規模の映画制作会社の数は一〇から一二といったところじゃないでしょうか」

チャオはうなずいた。「いい線だ」

「俳優、ディレクター、脚本家はきっと何百人もいたはずです」

「それもいい線だ」

「だから、あなたがマイケル・オーヴィッツだとして、たとえば、二〇人ほどのスクリーン・アーティストの代理人を務めているとしても、買い手の映画制作会社にはいくらでも他の選択肢が残されているわけです。イヤだと思えば、なにもあなたと取引する必要はない」

「なるほど」

「でも、もしあなたが二〇〇人のアーティストを掌握しているなら、映画制作会社側の選択肢はぐっと狭くなります」

「選択肢が狭まるのは映画制作会社に限ったことかな?」

「いいえ、そこがすごいところなんです。傘下に入るアーティストが増え、臨界点が上がれば上がるほど、有用なパッケージを提供できる可能性も高まります。となると、俳優や脚本家やディレクターの側から見ても、他ではなくあなたにエージェントになってもらうのが賢い選択ということになります。なぜなら勝ち組の一員となる可能性が非常に高いからです」

「それで?」

「こうなると映画制作会社はあなたと取引せざるを得なくなり、スターたちもあなたと取引したいと思うようになる」

「では、そのクロスオーバー・ポイントは?」

スティーブは先ほど走り書きした紙の束を指差した。「そこが難しいところです。すべてのタレントを掌握できないことは明白です。八割、九割ということもあり得ません。そこでこの形が機能する最低ラインのパーセンテージをはじき出さなければなりません。三％でも一〇％でもダメです。必死に知恵を絞って計算したところ、上向きのスパイラルが効き始めるのはだいたい一五％から二〇％です。ここに達した時点で、潜在的可能性が一気に上昇し、にわかにタレントや取引があなたのほうに流れ込んできます」

チャオはうなずきながら言った。「上出来だ。ところで、利益はどのような形で生まれるのかな？」

スティーブはまだそこまでは考えていなかった。

「それでは」とチャオは再び姿を消し、今度はきっかり一〇分後に戻ってきた。スティーブはあらたに書きつけた黄色い紙を前に、さっそく説明に取りかかった。

「主演スターの出演料を映画一本当たり五〇〇万ドルとして、一本の映画にビッグスターを二人使うとします。八〇年代ならメリル・ストリープとロバート・レッドフォード、九〇年代ならトム・クルーズとニコール・キッドマンといったところでしょう。ディレクターに一五〇万ドル、脚本家に五〇万ドルとして計算します。従来のハリウッド方式なら、エージェントはスター一人の代理人を務め、出演料の一〇％を取るのが通例ですから、五〇万ドルがエージェントに入ります。しかし、オーヴィッツの場合は完璧なパッケージとして提供するので、総額一二〇〇万ドルの一〇％、すなわち一二〇万ドル。従来型の二倍以上の手数料になります」

「それだけかね？」

「いいえ」

チャオは居ずまいをただし、スティーブを食い入るように見つめた。なんて出来のいい弟子なんだと思っているに違いない。

「オーヴィッツは個人ではなくひとつのチームのエージェントを務めることで、非常に大きな交渉力を手にしています。その気になれば一二〇〇万ドルを一五〇〇万ドルに引き上げることもできるでしょう。とどのつまり、映画制作会社側は一五〇〇万ドルであろうと、トップスターを確保したければ彼に頼まざるを得ないわけです」

「そうなると？」

「エージェントの手数料は一五〇万ドル、従来モデルの三倍に達します」

「そこまでかな？」

「いいえ、まだあるんです。一番のミソは取引量が飛躍的に増える可能性があることです。掌握するタレントの数が二〇〇人、三〇〇人に増えてくると、適切なタレントのパッケージを提供できる可能性が増え、映画制作会社が契約せざるを得ない可能性も高まります。つまり、取引量が増えるわけです。一定期間当たりの取引量はおそらく二倍か三倍になるでしょう」

「最終的には？」

「契約一件当たりの利益増加と時間当たりの利益増加がダブルできますから、最終的な収益性は、おそらく従来モデルの七倍から一〇倍に達すると考えられます」

「それはまたすごい数字だね！」チャオは目を見開いた。

スティーブは椅子の背にもたれ、得意げにニッコリと笑った。やったぞ！　チャオは心底、感服しているに違いない！　スティーブは束の間、純粋な勝利の興奮を味わった。

突然、チャオが身を乗り出して、自分で書いた黄色い紙の束をスティーブのほうへ押しやった。スティーブが手にとると、驚くほどきれいで読みやすい文字と数字がぎっしりと書き込まれていた。ページの右上にはきちんと通し番号がふってある。スティーブは読み始めた。

パラパラと読み進むにつれ、有頂天だった気分が次第に沈んでいった。

ようやくスティーブには、この課題をいかに扱うべきだったかがわかった。最初に与えられた事実と、論証や一連の仮定、計算、長所と短所の分析を通じて練り上げた輪郭から考えられる選択肢、却下され、選び抜かれ、修正を施された選択肢に至るまで、チャオの書いた紙には一分の隙もないロジックと緻密さ、ほぼ完璧な必然性への経路が示されていた。それは利益の方程式と言っても過言ではなかった。

スティーブは紙を机に戻し、チャオを見つめた。

チャオは真剣な面持ちで見つめ返した。彼にはスティーブのいたたまれない思いが痛いほどわかった。優秀な弟子になる可能性を秘めた青年にはなおさら辛いだろう。自分も若い頃に何度かこんな思いを経験したものだ。

「くよくよ考えても仕方ないぞ」チャオは静かに言った。

一五秒ほどして、スティーブが口を開いた。「何カ月学べば僕にも同じことができるようになるでしょう？」

チャオは答えなかった。「何年もですか？」もう一度スティーブが訊ねた。

チャオは入念に書き込んだ六枚の紙をとると、机の横にあるゴミ箱に捨てた。

「これは忘れなさい。有頂天になったことも忘れなさい。次の一歩にだけ集中するんだ」

スティーブはため息をつき、しばらく下を向いて自分の手を見つめていたが、ようやく気分を取り直したように視線を上げた。「次の一歩は何ですか？」

「スイッチボード利益モデルを三つ挙げることだ」

「はい、たとえば――」

「いや、いまじゃなくていい。来週でいいんだ。ここで取り上げたケース以外に三つだ。三つ挙げたら、今度はスイッチボード・モデルが可能な、まだ適用されていない最良のビジネス機会を三つ挙げる。そして、それぞれのケースの利益特性を考えてほしい。スイッチボード・モデルによって可能な利益発生メカニズムは必ずしも同じではないからだ」

スティーブはメモをとる作業に没頭した。それは数分前の強い失望感を忘れさせてくれた。

「ところで、君はエベレストの高さを知っているかな？」

「五マイルか六マイルぐらいでは？」

「そんなところだが、正確には二万九〇二八フィートだ。しかし、エベレストに登ろうと思っても一直線に頂上に到達することはできない。ふもとから一歩一歩登っていくことになる」チャオは上体を起こし、身を乗り出して言った。「私たちはすでに三〇〇〇フィートのところまで来ているんだよ」

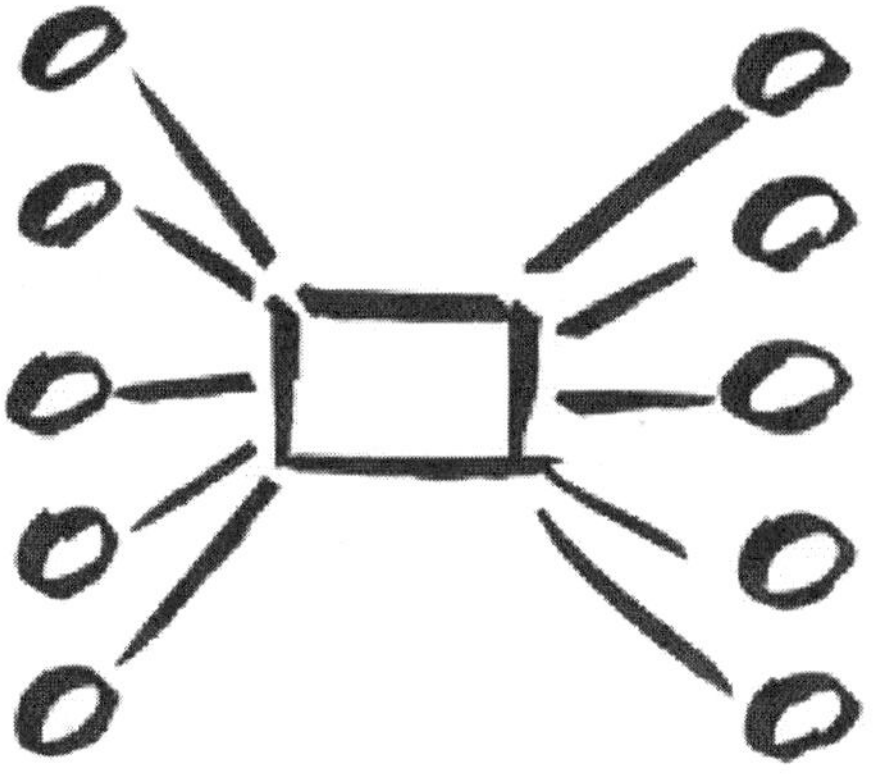

スティーブはチャオの言わんとすることがわかって笑顔を見せた。「でも、最後の数フィートが一番きつい気がします」

今度はチャオも笑顔で返した。「君はいま自分の言ったことがどれだけ真実を衝いているか、わかっていない。だが、これはビジネスを始めるときと同じようなものだ。どれだけ辛いか最初から知っていたら誰も始めようとは思わないだろう。だから、最初の一歩に集中するだけでいいんだ。そうすれば道は開ける――おのずとというわけにはいかないが、道は開けるものなんだよ」

スティーブはチャオの言葉を噛みしめるように考え込み、ゆっくりと理性を取り戻していった。「今回の図はどうなりますか?」

「そうだった」

チャオはペンをつかむと、しばらく考えていた。そのまま、ゆうに一分は室内が完全な静寂で満たされた。そして、突然ひらめいたかのように、紙の上に何本もの線を描いた。

「これがスイッチボードだ。それと、本のことはまだ話していなかったね」

「ええ、うかがっていません」

「二冊ある。一冊はオーヴィッツに関する本で『ハリウッドを掴んだ男 マイケル・オーヴィッツ（*Power to Burn*）』（邦訳、徳間書店）、著者はスティーヴン・シンギュラー。この本は第二章と、第六章から第一〇章までを読むこと」

「もう一冊は？」

「『数字オンチの諸君！（*Innumeracy*）』（邦訳、草思社）、著者はジョン・アレン・パウロスだ。こちらは第一章を読みなさい。ただし、ただ読むだけではなく、中に出てくる数学の問題を自分で全部解いてみること」

「わかりました」スティーブは観念したような口調で答えた。

「さらに、パウロスの提示した一つひとつの問題に対して、同種の問題を新たに考えて解いてみてほしい。たとえば、富士山の体積を求めよという問題があったら、ミシガン湖の容積を計算してみるといった具合だ」

スティーブがいぶかしげに消沈しているのを見て、チャオの目に優しげな光が戻ってきた。

「私の言ったことが理解できないようだが、本を手に入れたら一八ページを開きたまえ。富士山の問題が載っている。そこを読めば他に何をすればいいのかわかるはずだ」

スティーブはいくぶん動揺しながらも、うなずいて承諾した。すごい量の宿題だな――大変なことなりそうだ。

「君が思っているように、かなりてこずるはずだ。だから、ゆっくり片付けていけばいい。来週までではなく、四週間ということならいいかな?」

スティーブはホッとして救われたような気分になった。その様子を見てチャオは急いで付け加えた。「スティーブ、これはとても大切なことなんだ。微積分でも三角法でもない、ただの算数だ。しかし、非常に重要な算数だ。利益への道を開く算数だ。十分に時間をかけて、パズルでも解くような気持ちでやればきっと楽しめるはずだ。さっそく今晩から始めなさい」

「わかりました」スティーブは返事をすると、ゴミ箱の中に見えていたチャオのメモを指差して訊ねた。「それをいただけますか?」

チャオはしばし考えていた。「君が『数字オンチの諸君!』をきちんと読んだら、四週間後に進呈しよう」

「取引成立ですね」

チャオは笑顔でゴミ箱からメモを拾い上げ、机の引き出しにしまい込んだ。「では、一カ月後にまた会おう」とチャオは言い、スティーブを見送った。

この朝の授業はいままでになく長いものだった。少し疲れを感じたチャオは、座っていた椅子を大きな窓のほうに向けた。遥か下にはニューヨークの埠頭が見えた。頭上の深く明るい青空は刻一刻と変化する雲の層が作り出すまだら模様で覆われ、眼下の灰緑色の水面は雲の動きを映し出していた。才能ある絵描きの目にはこの光景がどんなふうに映るのだろう、どんな絵がキャンバスに描かれるのだろうと思いながら、チャオは静かに見つめていた。

やがて彼は深いため息をついた。一二〇歳まで生きられたとしても、この世にはできないことがたくさんある。天才画家か――。ああ、一週間でも一日でもいいから、天才教師になれたら――。この先の長い道のりを考えただけで、エネルギーを使い果たしてしまったような気がした。だが、しばらくするとチャオは肩をすくめ、深呼吸をひとつした。さっきのスティーブと同じように落ち込んでどうするんだ――。彼は気を取り直して、机の上の電話に手を伸ばした。

5 粘り強さが生み出すスピード――時間利益モデル

一一月九日。前回の授業から四週間が過ぎ、ニューヨークの大気に冬の兆しが感じられる季節になった。

スティーブはいつもより一〇分早くチャオのオフィスに到着した。ここ三回の土曜日は久しぶりにこころおきなく寝坊できたが、エレベーターで上の階に向かうにつれ、実は自分が授業を恋しがっていたこと、チャオに会いたがっていたことに気づいた。エレベーターを下りると、静まり返ったホールを懐かしいチャオのオフィスに向かって歩いた。

チャオの満面の笑みは、彼もスティーブと会いたがっていたことを物語っていた。「やぁお帰り!」とチャオは大声で言った。

「またお会いできて嬉しいです」二人は心から握手を交わした。「いくつかニュースがあります」スティーブは自分の椅子を引き寄せながら言った。

「デルモアのことかな?」

「ええ。前回の授業でやったスイッチボード利益モデルについて、あれからいろんなことを考えました。マイケル・オーヴィッツはサービスのサプライヤー、つまり、俳優や脚本家やディレクターたちと、こうしたサービスを必要としている映画制作会社をつなぐスイッチボードを考案したわけですよね。それで、サービスとまったく同じように、製品でもこのモデルは機能するんじゃないかと考えたのです」

チャオはかすかにうなずいた。「ある種の製品なら可能だね」

「だから、通信機器でもいけるんじゃないかと」

チャオは笑みを浮かべた。「君の言わんとするところはわかる」

「なぜ、通信機器ビジネスのスイッチボードを作ろうとする会社が現れないのでしょう。つまり、ハードウェア、ソフトウェア、サービスをあらゆるサプライヤーから調達してきて、それらを顧客の固有ニーズに応えられる最善の方法で組み合わせて提供する、テレコム・スイッチボードです」

「なぜだろうね？」

「できるはずだと思うんです」とスティーブは普段より早い口調で話し始めた。「この場合、利益は機器自体の販売からだけではなく、パッケージに組み入れられるすべての製品やサービスに対するナレッジを持っていることから生じます。そして、スイッチボードの開発に最初に着手した企業は、最良のメーカー、コンサルタント、ソフトウェア・メーカーと契約を交わすことで、このモデルの利点を大いに活かすことができます。もちろん、まとめ上げたシステムを本当に最良のものに高めるには、顧客とともに取り組む一流の専門家が必要です。さらに、役に立たないお仕着せのソリューションを売りつけるのではなく、時間をかけて顧客のビジネスを調査する必要もあります。

この点は若干、顧客ソリューション利益モデルと似ています。当初投入した時間は、サービスや機器の継続的な拡張・アップグレード契約を交わすことで、最後には必ず報われます。これならうまくいくはずです。絶対にうまくいくと思います」

チャオは考え込んでいるように見えた。「いまの話を通信機器メーカーに当てはめるとどうなるかな?」

「メーカーなら、なおさらうまくいくはずです」スティーブは断言した。

「どうしてだね?」

「自分が作った通信機器を売る部分で利益が生じるからです。他社製品を買ってきてパッケージに組み込むより利幅も大きくなるでしょう」

「リスクはどうかな?」

リスクのことは考えていなかったので、スティーブは一瞬ためらったが、すぐに答えた。「おそらくリスクは、顧客にとって最善の選択を客観的に行なうことができず、パッケージの中に自社製品を組み込みたくなるという点でしょう」

「そうなるだろうね」チャオも同意した。

「しかし、企業はその誘惑に打ち勝たなければなりません。それがスイッチボード・ゲームへの参加料なんです」

「たしかにその通りだ」

スティーブは再び熱心に、少し得意げな口調で語り始めた。「この二週間というもの、フランクと一緒にスイッチボード・モデルの導入という問題に取り組んできました。あさっての月曜日の午後、デルコムのマネジメント・チームに提案するつもりでいます。すごいと思いませんか」

チャオはほとんど無表情だった。「それは素晴らしいことだが、君たちのプレゼンテーションがどう受け取られるか、そっちのほうが興味深い。ぜひ聞かせてほしいものだね」

「来週、一部始終お話しします」

「楽しみだな」とチャオは言った。「ところで、『数字オンチの諸君！』はどうだった？　楽しめたかい？」

スティーブはおかしそうに笑った。「楽しいというのとは少し違いますが、なんと言うか――面白かったです」

「言った通り問題はやってみたかね？　たとえば、あの富士山の問題だが」

スティーブはうんざりといった感じで首を振った。「あれには参りました。変な問題ですね。そこそこ近い答えに到達するのにかなり時間がかかりました」

チャオはうなずいた。「そうだろう。だが、君が考案した計算方法が重要なのであって、正解かどうかは大した問題ではない。で、どうやって解いたのかな？」

スティーブはポケットから何やら細かい字を書きつけた、罫線の入った黄色い紙の束を取り出した。「えーと、問題は、ダンプカーで富士山の土を一度に一台分ずつ運ぶと、すべて運び出すのにどのぐらいかかるかです。答えを出すには、まず初めに、富士山を形作っている土と岩の量を算出しなければなりません。これは高校生の幾何問題でもなければカレッジで僕がとっている財務クラスで扱うレベルの問題でもありません」

チャオは笑いながら言った。「たしかに。こんな面白い問題は出てこないよ」

「そこでまず富士山の高さを調べました。実際には一万二〇〇〇フィート強ですが、計算を単純にするために一万二〇〇〇という数字を使いました」

「賢明だね。問題の意味を把握することが重要なんだ。この際、細かい数字はどうでもいい」

「次は富士山の形ですが、とりあえず円錐形ということにしました。旅行ガイドブックや日本の印刷物などで見かける写真ではほぼ左右対称と考えてよさそうなので。この仮定に基づいて、昔の数学の教科書を引っ張り出して円錐形の体積の公式を見つけました」

「その公式とは?」

「実はもう忘れました。どこかにπが入ったやつでした。必要ならどこを探せば見つけられるかはわかっています」

チャオはそれでいいというようにうなずいた。

このあとスティーブは計算のプロセスをおおまかに説明した。ダンプの平均積載量については、建設会社に勤める高校時代の友人に電話して訊かなければならなかったが、それ以外は驚くほど単純な計算で、八〇〇〇年強という答えが導き出せた。たしかに時間はかかったものの、言ってみれば掛け算と割り算、必要なのはそれだけだった。

チャオは最後にひと言訊ねた。「ところで、君はそのプロセスから何を学んだ? トラックで富士山の土を運び出すには八〇〇〇年以上かかるという事実以外にもあるだろう?」

「もちろんです。たとえひねくれた計算問題でも、普通に手に入る情報と多少の常識があれば、たいがいは解くことができる。それがわかったと思います」

「悪い教訓じゃない。くたびれ儲けではなかったというわけだ。しかし、この本からはもう少し学ぶべきことがある。重要なことを問うときや答えを探すときは数字を用いいいるのが大事だ、ということだ。たとえば、富士山を動かさなくてはならなくなったとしよう。はたしてダンプが現実的な手段か、日本国内でダンプやドライバーを調達できるか、コストはどのくらいかかるか、土砂はどこに廃棄するか。すでに持っている基本的な情報に照らし合わせて、こうした問いに答えを出すのはそれほど難しいことではない。

ビジネスの現場にも、この種の問題の立て方と解決のアプローチを持ち込むべきだ。ビジネスプランや新製品の開発、大きな投資、マーケティング・キャンペーン、人材開発プログラム。こういった問題を扱うときに、正しい問いを立てられる人がはたしてどのくらいいるだろうね?

驚いたことに、ビジネスの世界ではこういう考え方に慣れていない人のほうが遥かに多い。いかに説得力がありそうなビジネスプランでも、七回ほど簡単な算数の計算をしただけで馬脚をあらわすケースは珍しくない。私も目にしたことがあるし、自分でも二、三度は経験がある」と言いながらチャオは首を振った。「いや、もっと多いな」

「ところで、富士山の問題はもっと速く解く方法があるんだが、それはいずれ教えることにしよう。とにかく『数字オンチの諸君!』に出てくる問題についてはこれからも考えることだ。そして原則を適用する方法を探しなさい。世界を測る尺度を身につけることは、人が身につけるべき最も重要なスキルのひとつだ。

ここで私が大好きなある計算の達人の話をしよう。テリー・アレンという女性だ。彼女はカレッジ卒業後、すぐにウォーターストーン・ブラザーズに入社した」チャオは彼女の物語の一部始終を克明に思い出そうと、椅子に寄りかかり、じっと天井を見つめていた。「会社の名前は聞いたことがあるかね?」

「たしか投資銀行だったと——」

「そうだ。小さいが大変な成功を収めた会社で、ロケット・サイエンティスト（非常に優秀な科学者）と呼ばれる革新的な人材を擁していた。テリーは出社一日目から完全に溶け込み、マニアックなぐらい過酷な仕事を好んだ。自信もあったのだろう。

テリーの入社一年目は、現行の取引に関わる数字をいじくりまわす初歩的な仕事で過ぎていった。彼女はなんの問題もなくこなしたが、あまりにもつまらないことに気づいた。そこで、スマートファイル管理から表計算ソフトでのサブルーチン作成に至るまで、あらゆる有用なシステムを独力で作り上げ、仕事をそれまでの半分の時間で片付けられるようにした。

その結果、社内を観察したり、投資ビジネスを勉強したり、利益が生じるメカニズムを考える時間ができた。そして、強硬に配置転換を願い出て、ついに金融商品のイノベーションを手がける部署に配属された。そこは少人数のチームだったが、非常に優秀な人材が揃っていて、一〇カ月に一つというペースで小さいが見事なイノベーションを生み出していた。テリーはクリエイティブでやりがいのある新しい仕事に夢中で取り組んだ。

だが、業界の動向をつぶさに見ていると、ウォーターストーンが送り出す新商品が九カ月から一年で大きな投資銀行に模倣されることが、テリーの目にいやでも入るようになった。彼女は他社が自分たちの創造力の尻馬に乗ることに我慢がならなかった。そこで会社を創立した三兄弟のひとり、ハーブ・ウォーターストーンに直談判したのだ。裁判沙汰にするなりして、連中の愚行をやめさせる方法はないのか、と――。

ところが、ハーブは肩をすくめてこう言った。『考えてごらんテリー。ディズニーは著作権を、メルクは特許を持っているが、うちには何もない。金融商品や投資情報サービスのイノベーションでは著作権や特許はとれないんだ。我々は弱肉強食の世界にいるんだよ』とね。

テリーがそれなら自分たちはどうすればいいのかと問うと、ハーブはこう答えた。『うちはコピー商品が出回るまでに荒稼ぎをする。その際、一件か二件、新規の長期クライアントを獲得できることもあるだろう』とね。テリーはハーブとのやり取りに落胆し、絶対に突破口があるはずだと考えた。

数週間後、彼女が再びハーブのオフィスを訪れて計画の概要を説明したところ、彼は興味を示した。そこで彼女は自分のチームに計画を持ち帰り、実行に移すことにしたんだ。第一回目は初めてのことで誰もが手間取った。二回目はかなりましになった。そして、三回目になって実にスムーズに事が運んだ」

「どんなプランだったんですか?」スティーブが訊ねた。

「テリーはまず、ウォーターストーンの利益特性がインテルのそれと同じであることを突き止めた」

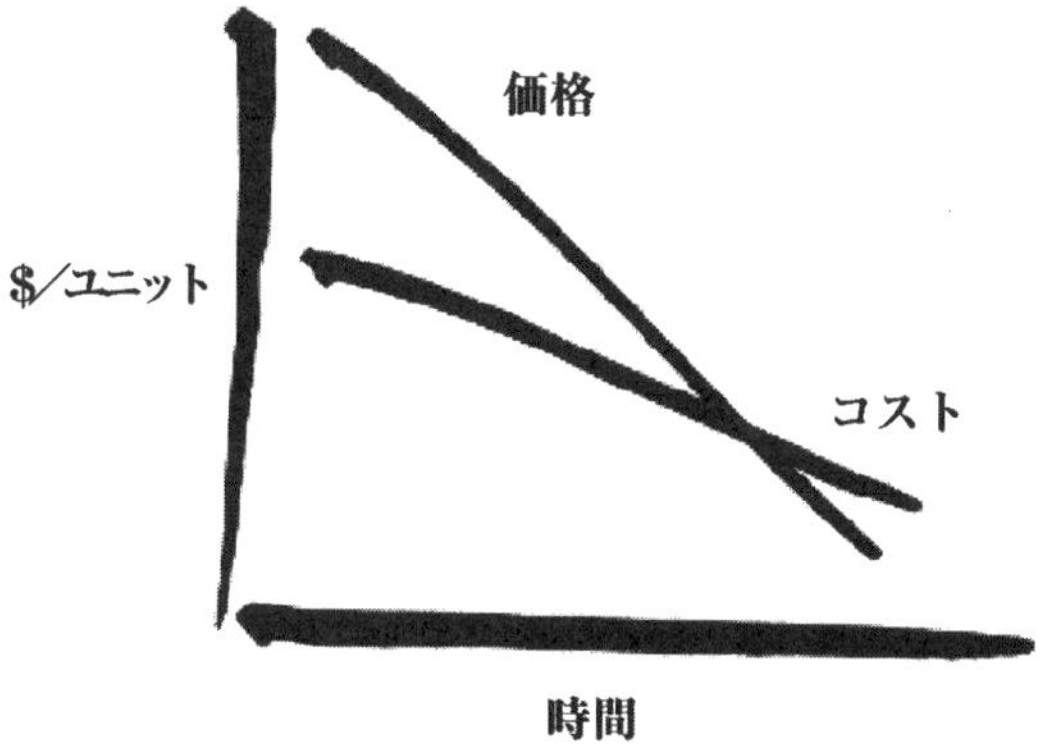

チャオはリーガルパッドを引き寄せ、図を描き始めた。線が四本だけ、それに四つの名前が書かれていた。

スティーブは自分が知る限りの半導体分野の知識を駆使しながら、図をながめた。「つまり、インテルは新しい半導体を開発し、真っ先に市場に送り出すことで利益を生み出している。そういうことですね」

チャオはうなずいた。「大筋はそんなところだ。私はそれを〈時間利益モデル〉と呼んでいる。ただし、インテルの場合は新製品が利益を生み出すまでに二、三年要するが、ウォーターストーンはわずか半年から九カ月ですむ。そこが大きな違いだった。テリーは新製品の即時普及、すなわち、他が追随する前に甘い汁を速やかに吸い尽くす策が必要だと主張し、そのためのシステム開発に取り組んだ。

彼女の考案したシステムはこんな具合だ。まず、新製品を発表する二週間前に、二〇〇件のクライアントに新製品を予告する手紙を出す。一週間前になると、今度は電話で翌週月曜日に売り出す旨を伝える。そして、週明けに発売開始という木曜日の夜から、社員全員を対象に新製品に関するトレーニングを開始する。細かいところまで徹底的に網羅する短期集中トレーニングだ。これが徹夜で金曜の朝まで続き、そこで出た質問で答えられなかったものはその日の午後までに調べられる。土曜の朝に再び社員全員が集まり、週末を使ってトレーニングを続ける。この頃には、みんな寝言でも新製品を説明できるようになっている。月曜朝になると、クライアントからの電話が鳴り始め、その週の終わりには五〇件から六〇件の問い合わせがあり、売り出し後二週間でその数は一〇〇件に達する。これが彼女の考えたシステムだ。

システムが完全に機能するようになったのは三回目からだった。儲けはみるみるうちに増えた。それまでは新しい金融商品を売り出すと売上三〇〇〇万ドル、利益一五〇〇万ドルが通例だったが、彼女の『即時普及《インスタント・ディフュージョン》』システムの導入でその数字は売上一億ドル、利益七〇〇〇万ドルへと飛躍的に増加した」

「頭の切れる女性だったんですね」

「というより粘り強さ、そちらのほうを評価すべきだ。実際、彼女にはひとつのことを貫く強さがあった」

「会社の連中は彼女が考案したシステムに抵抗したんですか?」

「いや、そういうことではない。会社は歓迎した」

「クライアントや競争相手の抵抗ですか?」

「いや、違う」

「どの点が粘り強かったと？」

「苦役だよ」

「苦役？」

「そうだ。何らかのイノベーションの上に構築されるビジネスにとって、苦役、つまり退屈な仕事が最大の試練となる。この点を見事に衝いたのが、電子部品製造企業レイケム・コーポレーションの社長、ポール・クックだ」

チャオは引き出しを開けると、ホッチキスで留めた薄い文書を取り出した。二ページほどめくると、二つのパラグラフをマーカーで囲み、スティーブに手渡した。

「これはハーバード・ビジネス・レビュー誌に載ったクックのインタビュー記事だ。いま囲んだのが一番重要な部分だよ。利益はどのようにして生じるのか、とりあえず読んでみなさい」

スティーブはさっそく目を通した。


「イノベーションの成否を分けるのは、単調な骨折り仕事をマスターできるかどうかだ。創造のプロセスは通常は輝くようなアイデアから始まる。このすばらしいアイデアに見込みがあれば、次にはビジネスの見地から見て進める価値があるかどうかを決定する。このあたりは心躍る部分だ。知的には恐らく最も刺激的であろうが、同時に比較的容易な部分でもある。

続いて、そのアイデアを実行段階に引き下ろすという現実的な仕事がくる。これがイノベーションの中で最も単調な部分であり、人々に対するプレッシャーや鼓舞のほとんどはここで必要になる。新しいアイデアについての当初の興奮を思えばどんなエネルギーでも生み出せると考えるかもしれないが、その後そのアイデアを反復生産可能な製品に転化しようとする過程で、人々は穴蔵に潜り込んだような仕事を長期間続けることになる。電話とファックスを使うのはここだ。技術陣と上級幹部との間で検討会議を持つのもこのときである。また最高経営責任者としては、製造コスト、販売、あるいは品質と全く同様に、新製品や新プロセスの開発にも大きな関心を持っていることを組織全体に対して表明して見せるときでもある」

（邦訳『ＤＩＡＭＯＮＤハーバード・ビジネス』一九九〇年七月号）

スティーブが読み終わるのを待って、チャオは話を続けた。「驚いたのは、私が人並みはずれて飽きっぽいと思っていたテリー・アレンが、二回目まではあれこれ失敗があったものの、細かい障害をすべて取り除き、関係者全員に直接話をして歩き、ひたすら自分のシステムに固執し続けたことだ」

「彼女はたくさんボーナスをもらったのでしょうね？」

「もちろんだ」

「インテルの時間利益モデルを真似て成功した例は他にもありますか？」

「非常に少ない」

「半導体メーカーはどうでしょう？」

「全体で一五〇〇億ドルの半導体業界で大成功を収めたという例はない」

「驚きですね」

「一種のパラドックスだね。互いに他社のチップの真似をするが、ビジネスモデルは真似ないというわけだ」

「今後五年で状況は変わっていくように思えますが」

「同感だね」

「もしそうなったら、インテルは何か他の方法を考えなければなりませんね」

「そうするだろうね。もう次の手は打っているような気がするが」

チャオはおもむろに口を開いた。「来週は……」

「わかっています。時間利益モデルの実例を五つ挙げよ、ですね」

「その通り」

「もし見つけられなかったら？」

「そのときは、このモデルを適用してしかるべきビジネス分野を考えてきなさい」

「それなら考えられそうです。本の宿題はありますか？　インテルの会長アンドリュー・グローブも本を書いてましたね」

「ちょっと待ちなさい。これじゃ、どちらが教師かわからないじゃないか」チャオは笑いながら諭した。「たしかに彼も何冊か書いている。一番有名なのは『インテル戦略転換（*Only the Paranoid Survive*）』（邦訳、七賢出版）で、これも読む価値はあるが、宿題はこのポール・クックのインタビュー記事にしよう」と先ほどのページを開いたままスティーブのほうに押しやった。「全部読んでくること。来週までならそれで十分だろう。土曜日にまた会おう。そうそう、君たちのプレゼンテーションがうまくいくよう祈ってるよ！」

チャオは自分の椅子のほうに向き直って、机の後ろの戸棚から書類の束を取り出すと何か探している様子でパラパラとめくった。スティーブはずいぶん長く室内に留まっていたが、決心したかのように咳払いをした。

チャオが振り向いた。「何か忘れ物かな？」

「ええ。あの、前回の――」

「何のことだね？」チャオは早く言いなさいと言わんばかりに訊ねた。

「スイッチボード利益モデルのメモです。憶えていらっしゃいますか？『数字オンチの諸君！』の問題を解いたら僕にくれるとおっしゃった――」

いぶかしげな表情を見せていたチャオが笑い出した。「そうか、そうだったね。どこへやったかな？」彼は引き出しにしまってあったメモを取り出すと、スティーブのほうに放り投げた。スティーブはあわててかき集めた。

「だが、そのメモにあまり時間をかけるのはやめたほうがいい。取り組まなければならない問題は他にもたくさんある。君には自分流のやり方で解決する方法を学んでほしいんだ。私のやり方ではなくね」

部屋を出ながらスティーブが答えた。「わかっています。でも、画家の卵は同じ画法で描くつもりはなくても、ピカソを模写したいと思うものなんです」その声とともに扉が閉まった。

チャオはしばらく唖然としていたが、やがて大声で笑い出した。「模写か。そりゃかまわないが、ピカソとはね。言いすぎだよ」

6

大ヒットを創造するマネジメント——ブロックバスター利益モデル

一一月一六日。チャオはいつもの椅子に座るよう促すと、さっそく訊ねた。「で、どうだった?」

「何がですか?」

「通信機器部門にスイッチボードのアイディアを提案した結果だよ」

スティーブの顔が赤くなった。この一週間というもの、あの月曜日の午後のミーティングをひたすら忘れようと努めてきたからだ。

「芳《かんば》しくなかった、というところかな?」

スティーブは怒ったように答えた。「理解しようとさえしてくれなかったと思います」

「理由は?」

スティーブは処置なしといった感じで首を振った。「お話にならない質問やコメントが飛び出しました。了見が狭いんです。なかでも最悪なのは、通信機器部門デルコムのトップ、ポール・コズロフスキーです。なぜうちが機器の小売に手を出さなくちゃならないんだ、なぜ自社のディーラーと競争しなくちゃならないんだ、彼らはどうなるんだ、と立て続けに問いただしてきました。サプライヤーのひとつに甘んじるのではなく、ビジネス全体を支配できるチャンスなのに、そのメリットが見えていないようでした」

「で、君は質問には何と答えたのかね？」

スティーブは肩をすくめた。「憶えていません。フランクも僕もあっけに取られてしまいました。まったく新しいレベルのビジネスを手がけるチャンスが訪れているのに、ディーラーの心配をする人がどこにいますか？　デルモアの株価は下がり続けているというのに」

「たしかに先週、また二ポイント下がった」

チャオはしばらく黙っていたが、静かに口を開いた。「君はコズロフスキーの問いをもう少しよく考えてみたほうがいいな。私には非常に興味深いし、適切な問いかけだと思える」

スティーブは不満そうに言った。「あなたまで、そうおっしゃるんですか？」

チャオはうなずいた。「利益モデルを転換しようとするなら、実行に移す前に真剣に検討しなければならない問題はたくさんある。彼が投げかけたのは、そのうちのたった二つにすぎない」

「でも、通信機器ビジネスにはスイッチボード利益モデルが有効だと思われませんか？」

「おそらく可能だろう。しかし、君だって現在の売上ベースの一〇〇％をもたらしているディーラーたちを怒らせてまで、新しいモデルに移行したいとは思わないはずだ」

「たしかにそんな形で導入したいとは思いませんが――」とスティーブは認めた。

「それに、顧客はなぜ、通信機器関連のニーズを全部デルコムに任せなくてはならないのかね？」

「最良のサプライヤーが提供する最良の機器を集められて、それをアレンジする能力がデルコムにあれば――」

チャオは否定的だった。「そういうことなら、たとえばフォーチュン五〇〇社のような大口顧客が自分の手でやろうと考えるかもしれない。あるいは、デルモアの息がかかった会社と違ってどこにも義理立てする必要のない独立系コンサルタントを雇い、自社にとってベストのシステムを構築させるかもしれない。そういう動きを封じる策はあるかい？」

スティーブはまた赤くなった。「手の打ちようがないと思います。しかし、デルコムが業界の先陣を切って優位な立場に立てば、ナンバーワンのサプライヤーになれるのではないでしょうか？」

「可能性はある。マイケル・オーヴィッツは特異な個人的資質とコネクションを活かして、傑出した映画集団のスイッチボードを作り出した。デルコムにもそうした特異な資質や通信機器業界でのコネクションがあるかね？」

「そうですね、技術力はかなりなものです。業界でもトップクラスでしょう」

「業界で最も有名で強力なブランドネームを訊ねられれば、誰もが即座にデルコムの名前を挙げるわけだね」

「いえ、そこまでは言えません。他にも同じようなレベルのメーカーがありますから」

「では、デルモアは通信機器業界で独占的地位、あるいはそれに近い地位を確保しているのかね？」

「いえ、まったくそういうことはありません」とスティーブは首を振って否定した。

「ならば、デルコムはその気になれば市場を制圧できるとか？」

スティーブは黙り込んでいたが、最後には認めた。「たぶん無理だと思います」

「デルコムの連中は君のアイディアを完全に否定しきったのかね？」

「そうとは言い切れません。検討してみると言いました。でも、積極的に取り上げようという雰気ではありませんでした」スティーブはため息をついた。

チャオはしばし沈黙し、もの思いに耽っていたが、ようやく口を開いた。「それで、今回の件で得た教訓は？」

「プレゼンテーションを行なう前に、当然の疑問に答えられるように、自分のプランをもっと検討しておくべきだったと思います」スティーブはおずおずと答えた。

「それがフェアな態度だ」チャオは優しく言った。「協力してもらわなくてはならない人々の観点から物事を考えることも大事だ。ビジネスの世界で生きる人々は、意思決定する際に、自分が体験した過去の長い歴史を参考にしようとするものだ。才気走った若者が優れたアイディアを携えてきたからといって、人々がいままでの考えをすべて覆すなどと期待するほうが無理なのさ」

「よくわかりました」

「とりあえず、いまは先に進もう」そう言ってチャオは机の引き出しを開け、見慣れたリーガルパッド（もはや見た目にもわかるほどページが減ってきていた）を取り出し、二つの単語を書くとスティーブに手渡した。スティーブは声に出して読み上げた。「Marc Geron《マーク・ゲロン》」

「いや、Gはやわらかく発音するんだ。フランス語のgendarme《ジャンダルム》（憲兵）のようにね」

「マーク・ジェロンですね」スティーブは発音し直した。「どなたですか？」

「私に〈ブロックバスター利益モデル〉を教えてくれた人物だ」

スティーブは次の言葉を待った。彼にもチャオの沈黙の使い方が少しわかるようになってきていた。

チャオもそれに気づいて満足したが、口には出さずに先を続けた。

「マークは、スイスに本社がある製薬会社のアメリカの製造部門を任されていたが、そこは混乱をきわめていた。そこで私に助けを求めてきたんだ。私たちは一緒に二つの大きなプロジェクトに取り組み、友人になった。

彼には本物の知識と利益に対する情熱があった。彼の目標は常にシンプルで、製薬業界で最も収益性の高い企業を目指していた。ブロックバスター利益モデルは彼の試みた三番目のモデルだ。彼が考案したわけではないが、完成させたのは彼だ。オリジナルの利益モデルを考え出す人はきわめて少ない」

「最初の二つのモデルはどんなものだったんですか?」

「ひとつは〈品質利益モデル〉、もうひとつは〈営業部隊意欲モデル〉だ」

「えっ? もう一度お願いします」

「まあ、話を聞きなさい。マークと私が一緒に製造部門の検討を始めた時点では、二人とも何から手をつければいいかわからなかった。問題があることだけはわかっていたが、解決策はなかった。五カ月ほど悪戦苦闘して出した結論は品質だった。とりわけ生産初期工程での品質だ。

おおまかに説明すると、私たちは二七段階あった生産工程を徹底的に調べ上げ、第一段階と第二段階で発生する問題を解決すれば、八、九、一〇段階以降で生じる無駄な損失を大幅に削減できることを突き止めたんだ。こうしてマークはアメリカの製造部門を再建し、のちにイギリスやフランスでも同じような立て直しに成功した。

フランスでは、彼は営業部門も兼任した。ここでもそこそこの成果を収めたものの、彼自身が満足できる結果ではなかった。その後、アメリカの営業部門の問題解決にあたることになり、私たちは再び一緒に仕事をすることになった。このときも私たちは何カ月もかけて問題点と解決策を練り、ようやくたどり着いたのが営業部隊意欲モデルだったわけだ。

私たちは営業部門に関する徹底した調査を行ない、二カ月かけてすべての問題点を洗い出した。それからマークは人員整理を敢行し、残った人を専門別のグループに分け、それぞれがよりよい意思決定を下せるように大量の情報を与えた。彼の改革で最も重要だったのは、給与の業績連動部分を一五%から五〇%に引き上げたことだった」

スティーブが口を挟んだ。「つまり、営業成績がトップの人とビリの人では給料に大きな差がつくということですね」

「その通り。このやり方はリスクも大きいが成果も上がった。一年後に再び調査すると、結果はめざましいものだった。新しい報奨方式によって士気が大いに高揚し、売上が著しく増加したんだ。マークは再び苦境を救うヒーローとなった。

さて、ここからがブロックバスター・モデルだ。アメリカの営業部門を担当していた時期に、マークはかなりの時間を費やして研究開発部門について調べた。そして、彼らのやり方がデタラメであることに気づいた。彼らは常に何十ものプロジェクトを抱えていたが、そこらじゅうでスケジュールに遅れが生じていた。個々のプロジェクトに関する情報も揃っていなかったし、完成を予感させるオーラも感じられなかった。

マークは製品開発とその方法に関する膨大な量の本を読み漁り、目の前の現実との違いに大きな失望を感じた。私たちはさっそくこの問題を話し合い、少しずつではあったが、ブロックバスター、すなわち大ヒット製品を生み出す要因の解明を進めていった。

八〇年代の半ば頃、私たちは三年かけて三つの企業を研究した。製薬会社のメルクとグラクソ、それにディズニーだ。うち一社はすでにブロックバスター製造マシンの開発に成功しており、残る二社はその途上にあった。

そしてついに、自分なりのブロックバスター・モデルに着手する時期がマークに訪れた。除草剤・殺虫剤部門を手がけるアグリ・ケム社の経営トップに空きが出たんだ。マークは二カ月間、あちこちから手を回し、画策に奔走し、とにかく自分にやらせてくれと本社に頼み込んだ。スイス本社も彼に辞められては困ると思い、最後には承認した。マークはまた家族を連れて引っ越した。今度はメンフィスだった。そこで私たちは三たび一緒に仕事をすることになった。

一五年にわたって製造分野と営業分野の立て直しに携わってきたマークに現れた最も大きな変化は、自信を持つようになったことだ。それがなければ、アグリ・ケム社での彼のあの活躍がはたして可能だったかどうか――。

マークが着任したとき、アグリ・ケム社の財務面には問題がなかったが、新製品開発の道筋がまったくできておらず最悪の状態だった。さらに悪いことに、研究開発の考え方もわかっていなかったし、その活動の管理方法や、ハイ・プロフィット研究開発とアンチ・プロフィット研究開発の違いさえわかっていなかった」

「アンチ・プロフィットですって？」

「そうだ。研究開発の大半はアンチ・プロフィットだよ」

「どのプロジェクトが目標を達成し、どれが達成できないか予想不可能だからですか？」

「いや、不確実性の問題ではない。目標を達成できないプロジェクトがあるのは仕方がない。そうではなく、明確な目標がない研究開発、誰も欲しがらない製品を一生懸命作るような誤った目標を持つ研究開発、あるいは最初から開発投資の一部しか回収できないとわかっている研究開発などがアンチ・プロフィットなんだ。マークはこの体質を変えようとした。そんな彼を誰も歓迎しなかったが、彼は意に介さなかった。マークはけじめの達人だった。そして、六週間で社員を掌握した」

「けじめの達人、ですか？」

「そうだ。彼はさまざまな象徴的なやり方で自分の存在を主張していった。会議の時間や場所、出席者に至るまで、従来のやり方を覆し、報告書の提出を義務づけた。こうしたことはすべて、誰がボスかを明確に示す一貫したキャンペーンとなった。

いったんそういうけじめが確立されてしまえば、すべての業務が効率的に進むようになるものだ。ひと言頼んだだけで部下が動くようになった。その次からは、ボスが求めているものが予想できるようになり、何も言わなくても動くようになった。

もちろん、この後にもっと大変な仕事が待っていた。何をどうすべきかを明確に洗い出す作業だ。

彼の場合、製薬会社の研究開発部門をじっくり検討した経験があったので有利だった。アグリ・ケム社の研究開発部門の利益モデルも同じだと彼は考えた。

この考え方は正しかったが、適用の仕方を考えなければならなかった。そこで、すべてのプロジェクトを検討し、すべての市場調査報告書に目を通した。週末ともなれば技術書を読み、昆虫や雑草に関する知識から安全に除草・殺虫する方法まで、知っておくべきことを頭に叩き込んだ。やがて、研究開発部門の検討会議で彼は出席者から恐れられるようになった。質問が的を射ているだけでなく、何事にも精通していたからだ。

しかし、マークはまったく満足していなかった。彼は自分が社内の渦に巻き込まれていると感じ、会社内で話し合っているだけでは、本当の答えもその手がかりもつかめないと思うようになった。そこで彼は外に出て、他社の営業担当者や顧客、顧客のコンサルタントの話を聞くことにした。

こうして彼が会議で放つ質問はますます辛辣になり、いっそう的確になっていった。そして、彼も、やがては社員全員も、次第にアグリ・ケム社の利益は数点の大ヒット製品《ブロックバスター》が生み出していることを認識するに至った。だが、大ヒット製品に対する研究開発部門の関心は依然として低かった。

そこでマークは、プロジェクトの全体的な主旨に関するディスカッションを開始し、意識を速やかに変革していった。目指す成果が取るに足りないようなプロジェクトは容赦なく切り捨てられ、忘れ去られた。逆に大きな可能性を秘めたプロジェクトについては、徹底的な検討、議論、討議を重ねた。こうして有望なプロジェクトには熱い関心が寄せられるようになった。ホールには議論する声が響き、終業後も議論が続き、他のマネジメント会議でも話題に上るようになった。この大プロジェクトの実現可能性を高めるにはどうすればいいか、開発速度を上げるにはどうすればいいか、複数の大プロジェクトを並行して進めることは可能か、製品ポジションを改善するためにさらに調査すべきことは何か、ホームランをかっ飛ばすにはどうすればいいか——誰もが新たな問題点の解明に努めた。

一〇カ月も経つと社内は活気づき、かつては無視されていた締め切りや予定表《マイルストーン》も厳守すべき約束事となり、社員たちが関心を払うようになった。隅々までマークの目が光っていて、彼を欺くことはできないと思い知るようになった。

ここまではすべてが順調だったが、マークには気がかりなことがあった。最も重要なプロジェクトに全力投球することは可能だが、あらゆる不確実性を排除することはできないとわかっていたからだ。大きな賭けには失敗の可能性がつきまとうものだ。

そこで彼は統合的なリスク・マネジメント体制を整えた。ＦＤＡ（食品医薬品局）の認可取得プロセスに関するロールプレイを導入したり、外部の科学アドバイザーから厳格かつ有用な意見を仰いだり、きわめて高い価値を有するがまだビジネスのポートフォリオに入っていないプロジェクトを特定するよう命じたのだ。

当時マークは、今回の研究開発部門の立て直しはいままでにない困難なものだと語っていた。大きな決断から大きな成果を得るまでが非常に長かったからだ。しかし、彼は辛抱強く見守った。就任二年目と三年目は、前任者の後始末を強いられて厳しい状況だった。事業の長期的可能性を損なわずに経費を削減するために、彼は懸命に努力した。彼ほど私心なく忠実に働く人間はいなかったと思う。

四年目になって状況に変化が現れた。マーク体制になって初めての新製品が売り出され、そこそこの売上を記録したんだ。大ヒット製品ではなかったが、新たな資金を確保するだけの役割は十分に果たした。

二番目の製品は惨敗だった。製品としては優れていたが、同時期に参入した競合二社の圧勝だった。マークは反撃を誓った。マーケティング経費を大幅に削減して二つのセグメントに絞り込み、そこで確実な勝利を収めるために邁進するとともに、きたるべき巻き返しのための経営資源を守ることに努めた。

製品第三号は就任五年目に完成した。今回は期待できる製品だった。彼は社内政治および人心掌握術にも卓越していた。二番目の製品が苦戦しただけに、今回の製品に対する経営陣の期待感を抑え気味にコントロールしたんだ。だが、第三号は月を追うごとに予想を大きく上回る売れ行きを見せた。

あらゆることに緊急対応プランを用意するマークは、このときも抜かりなく準備していた。儲けをかき集めて、過去三年間に温めていたブロックバスター製品の研究開発につぎ込んだのだ。彼は外部のリサーチ会社をめいっぱい活用し、固定費の増加を抑えた。そして、最終的に自分が理想とするシステムを確立した。彼が成功した大きな要因として、組織の自信の確立を挙げないわけにはいかないだろう」

「組織の自信ですか?」

「そう。ブロックバスター利益モデルはマインド・ゲーム、ある種の心理戦といえる。高い目標を掲げ、次なる大ヒット製品の誕生に向けて計画的に事を運ぶには、揺るぎない自信が欠かせない。マークが就任した当初、社内には『我々には無理だ』という何事にも消極的なムードが漂っていた。だが六年目にしてムードは一変した。『我々には可能だ』『やり遂げることができる』という方向に変わったんだ」

チャオはひとりで喋りすぎたと気づき、ひと息入れた。

「すごい話ですね」とスティーブが感想を述べた。「彼はまた昇進したんでしょうね？」

「たしかに。スイスに戻れば重役の椅子が約束されていた。しかし彼は辞退した。それが結果的になんともおかしな結末を招くことになったんだ」

「どうなったんですか？」

「その当時、マークはブロックバスター・モデルに没頭していた。三つの製品で成功した頃には、十分すぎる研究開発資金が流れ込んでくる状態になった。彼は科学技術にひとかたならぬ関心を抱いていたため、立場上必要なレベル以上に文献を調べ、農作物保護に使われる最新技術に関する記事を読み漁り、次々と新しいアイディアを出しては社員たちに恐れられていた。そして彼はブロックバスター利益モデルをさらに進化させようと、メルクやディズニーの例を研究し、独自のモデルを作り上げた」

「どんなモデルですか？」

「まず、アグリ・ケム社の市場を見渡して、現時点で開発を手がけているかどうかにかかわらず、ブロックバスターになり得る製品をトップ一五位まで想定していった。このリストは六カ月かかって完成した」

「それで?」

「実際にプロジェクトが進行していたのは、このうち七点だけだった。そこで、マークは残りの八点についても、他社からのライセンシングであれ自社開発であれ、開発を進めることにした。そして以後の二年で、この一五の製品のそれぞれに専属の研究部署を一つずつ設けた。いや、最低一つと言うべきかな」

「少なくとも一つ、ですか?」

「そうだ。研究開発競争にかなりのリスクが伴うことは誰もが知っている。当然マークも承知していたわけだが、他の人と違うのはそのリスクへの対処法だった。彼は各リード・プロジェクトに少なくとも一つ、ときには二つのバックアップ用の薬剤研究がなければならないと主張した。これなら、万が一リード製品が失敗しても次の製品に教訓を活かせるから、すべてが水泡に帰すことはない」

「それこそ正真正銘のブロックバスター・マネジメント・システムですね」スティーブの声には驚嘆の思いが込められていた。

「その通りだ」

「こんな人の下で仕事をしたいものです」

「そう思うだろうね。私は彼と一〇年以上にわたって一緒に仕事をしてきたが、彼からは他の誰よりも多くのことを学んだ」

「マークは当然、会社全体を経営する地位に就いたんでしょう?」スティーブは思い切って訊ねた。

チャオは大声で笑い出し、叫んだ。「とんでもない!」

スティーブは目を丸くして驚いた。「えっ! それだけの功績を収めて?」

「その功績が問題だったんだ。マークはあまりにも大きな成功を収めすぎた。わかるかな? スイス本社を怒らせてしまったんだ。とてつもない儲けをもたらし、あまりにも飛び抜けてしまった。利益モデルを常に先へ進め、リスクも高まればリスク管理も難しくなる技術的に洗練された高いレベルへと持っていった。彼のところ以外の部門はどこも精彩を欠いて見えた。これでどうやって味方が作れるというんだ。

七年目のことだ。科学の勉強を続けていたマークは、アグリ・ケム社がこの分野でこのまま知的リーダーシップを継続していければ、いずれバイオ・テクノロジー分野のトップに躍り出ると確信した。そして、そのための方策を上司に提言したんだ」

「どんな内容ですか?」

「まず企業買収だ。一社または二、三社のね。それから一校か二校の一流大学との研究提携。そして、二人か三人の傑出した才能を持つ人材の雇用だ。しかし、彼が強く要請すればするほど激しい抵抗に遭うようになった」

「まともじゃないですね!」

「だが、それだけではすまなかった」

「どうなったんですか？」

「最終的に彼らはマークを解雇したのさ」

「なんですって！　そんなことできるんですか？」

「簡単だよ。何と言おうと彼らの会社なんだ。お金を握っているのは彼らだからね」

「そんなひどい話ってありますか」

「スティーブ、こんな話はいくらでもあるよ」チャオは真顔で言った。

二人は長いあいだ押し黙ったままだった。

先に口を開いたのはスティーブだった。「解雇されて、マークはどうしたんですか？」

「どうしようもないさ。彼は笑顔で自分のオフィスをすっかり整理して出ていった。それだけのことだ」

「で、いまは？」

「楽しく暮らしている。フロリダで経営戦略を教えてるんだ。おおかた生徒たちに煙たがられているか尊敬されているかだろう。それともその両方かな。彼はいまでも真のチャレンジャーだよ。あとは海釣りに情熱を燃やしているはずだ」

スティーブはずっとマークの話のメモをとっていたが、展開が速くて遅れがちだった。チャオの話が終わったあとも、しばらく必死で走り書きを続けていたが、ようやく最後まで追いつくとペンを置いた。

「さて、君の意見を聞かせてくれるかね？」とチャオが訊ねた。

スティーブは首を振りながら答えた。「これもパラドックスです。これまでうかがった他のいろいろな話とも通じる、人間の愚かさを思い知らされる話でした」

チャオはスティーブの言葉をゆっくり反芻したあと、同意した。「そうかもしれない。しかし、距離を置いてあとから振り返れば間違いを指摘するのも容易だが、渦中にあって感情が高まっている時点ではなかなかわからないものだよ」

「そんなものかもしれませんね」そう言いながらも、スティーブは納得がいかないようだった。

「今日の宿題の本は何でしょうか?」

「ジェームス・ウェブ・ヤングの『アイデアのつくり方(*A Technique for Producing Ideas*)』(邦訳、TBSブリタニカ)だ。マークがフロント・エンド・ローディング、早期積み込み方式を学んだ本だ」

「早期積み込み方式ですか?」

「そう。一夜漬けの試験勉強や、締め切り四八時間前に学期末レポートを書くのとは正反対のやり方だよ」

「どういう意味でしょうか?」

「最初に詰め込むということだ。最後ではなく、最初の四八時間で読めるだけ読む。早い時期に何もかも忘れて没頭する。できるだけたくさん、できるだけ速く読む。頭が痛くなるまで読んで、それでもまだ読む。プロジェクトの一番初めの段階でこれをやるんだ。

すると、どうなるか。不十分ながら非常に力強い知識の骨格を作ることができる。なぜか。のちに実際のビジネスで遭遇する事実やアイディア、あるいは仮説が、その骨格に組み込まれて時間とともに進化していくからだ」

「フロント・エンド・ローディングですか」スティーブは考え込んでいた。

「『アイデアのつくり方』は短いから、アラン・ライトマンの『アインシュタインの夢（*Einstein's Dreams*）』（邦訳、ハヤカワｅｐｉ文庫）も読めるだろう。その気になれば、オープンな発想が理解できる本だ。そうなってほしいものだね」

スティーブは笑ってオフィスを立ち去った。

チャオはため息をつき、窓辺に立った。そして、はるか四六階下の通りを、ベビーカーを押す人やジョギングをする人、買い物客らが、ブラウン運動さながらにせわしく動き回る土曜の午前中の光景を見下ろした。はたして自分は結果を出すことができるのだろうか、とチャオは自問していた。スティーブは非常に利発でチャオも心から気に入っていたが、デルコムの一件が如実に語っているように、いかんせんまだ若く、思い込みが激しいところがある。人と一緒に働く方法や、観念的な理解を実践的な知識へ転換する方法など、学ばねばならないこともたくさんある。自分の授業は、ビジネスの世界で生きることの核心を伝えられるだろうか、それとも表面をなぞるだけで終わってしまうのだろうか？

チャオは考え込んでいた。いろいろな話を聞かせることは非常に大事だが、どうしても結果論になるし、あまりにも月並みで完璧すぎる。スティーブのような若者に、マーク・ジェロン流の対処法を本当に理解させるにはどうすればよいのだろう？　プールに突き落として泳げるかどうかやらせてみるしかないのだろうか？　私がやっているのは一流の水泳選手の話を聞かせるということだ。成功物語はたしかに面白いが、それ以上のものではない――。

そのとき誰かが扉をノックする音が聞こえた。「どうぞ」とチャオは声をかけた。

やってきたのはフランシスだった。「おはようございます。例の薬品業界の構造に関する最新草稿をプリントアウトする用事があって、一、二時間前から来てたんですよ。三時のミーティングの件、お忘れなく」

チャオはほとんど忘れていたが、三ブロック先の友人とミーティングを行なう予定になっていた。彼なら日時を変更しても差し支えないだろう。「フランシス、すまないがキャンセルしてくれないか」

その代わりに、チャオは午後いっぱい使って、これから先の授業プランを練り直した。スティーブの才能をすべて引き出すにはどんな経験をさせればいいだろう？　チャオは大好きな詩人、エズラ・パウンドに思いをめぐらした。彼の口癖は「新しく作り直せ《メイク・イット・ニュー》」だった。どうしたらスティーブにとって新鮮なものになるのだろう？　彼は自分の椅子に戻ると、新しいリーガルパッドを出し、さっそく何かを書き始めた。

7

一つの資産からさまざまな製品を──利益増殖モデル

一一月二三日。「君たちがやった通信機器部門へのプレゼンテーションの件だが、その後何か後日談はあるかね？」スティーブがやってきたとたんにチャオは訊ねた。

「これといってお話しするようなことはないんですが……」

チャオは眉を上げたが、それ以上は訊かなかった。

「何人か興味深い反応を示した人がいましたが、それだけです」とスティーブは付け加えた。

「たとえば？」

「フランクは、却下されたとはいえ問題提起してくれてよかったと同僚二人に言われたそうです。僕の上司で戦略企画部門のバイス・プレジデントであるキャシー・ヒューズには、何か提案するときは必ず事前に彼女に知らせるよう言われました」

「そうだろうな」

「ええ。でも、そのあとでスイッチボード・コンセプトの根拠を訊かれました。彼女はスタッフ会議のときにそれに触れてくれたんですが、なんだかコンセプトが気に入っているような口ぶりでした」

「ただ、君たちが手順を踏まなかったのが気に入らなかったわけだ」とチャオは結論づけた。

「そういうことだと思います」

「他には？」

「うちが二年前に買い取った建築資材会社の調査チームのリーダーを務めるよう、彼女に言われました。彼女はあなたと同じく利益《プロフィット》モデルという言葉を使い、あの会社はいまの利益モデルのままではいずれ息切れするだろうと言ってました」

「それはデヴェルー社買収の件かな？」

「はい。デヴェルー・インダストリーズ社です。いまは社名がデルモア・サプライに変わりましたが。断熱材、空気浄化装置、燃焼加熱炉の内張り、扉や窓などの製品を扱う、景気に非常に左右されるビジネスです。ここも昨今の景気後退の打撃を受けている部門のひとつですが、キャシーをはじめ上層部は、他よりもかなり深刻だと懸念しています」

「通信機器部門との共通点は？」

スティーブはしばらく考えていた。「あると思います。通信機器と同じように、建築資材はコモディティ化（汎用品化）された製品分野です。製品の差別化で他に抜きん出た企業は一、二社にすぎず、ほとんどは価格だけで張り合っている状態です。建築件数が減れば、小さなパイをよってたかって奪い合うことになるでしょう」

「君がどんなソリューションを考え出すか、楽しみだな」

「何かいいアイディアはありませんか？」スティーブは冗談半分で笑いながら訊ねた。

「この件で君に給料を稼がせてやることもできるが、できれば君自身のアイディアを聞きたいものだね」

「おっしゃる通りです。そのうち必ずお話しします」

「さてと。先週のブロックバスター利益モデルについて考えてみたかね？」

「すごい利益モデルだと思います」スティーブは顔を輝かせて答えた。「リストを作ってきました」

彼は得意げな様子で、黄色のリーガルパッドを一枚チャオに渡した。

チャオはリストを見た。そこには一二の業種が箇条書きに並んでいた。彼は注意深く検討した。そして、リストに視線を合わせたまま、ジャケットの内ポケットを探って万年筆を出し、おもむろに四、五、六、七、八、一〇、一二番を横線で消し、ページ下の空欄に「要再考」と書き込み、スティーブに返した。

チャオは椅子に寄りかかり、軽い口調で訊ねた。「〈利益増殖モデル〉とはどんなものだと思うかね？」

スティーブは手渡された紙をまだじっと見つめていた。顔は少し赤くなっていた。チャオは手を伸ばすと、紙を優しく取り上げ、裏返しにして戻した。スティーブは何か言いたそうに口を開けかけたが断念したように閉じ、もう一度何か言いかけたがついには押し黙った。そして、がっかりしたように首を振ると、紙を折り畳んでシャツのポケットに押し込んだ。

チャオはもう一度訊ねた。「利益増殖モデルといえば、どんなものを想像する？」

「利益が生じて、それが倍になるようなものでしょうか?」

「そうだ。だが、倍にする方法は?」

スティーブは椅子に寄りかかって考え始めた。しんと静まり返ったなか、刻々と時間が過ぎていった。スティーブの視線は、まるでどこかに答えが隠されているかのように部屋の隅々をさまよった。一分が経過し、二分が過ぎた。ついにスティーブは大声で答えた。「ありとあらゆる手を使って!」

チャオの顔にみるみる笑顔が広がり、室内に漂っていた緊張感が一気にほどけた。

「よろしい。間違いではないからね。だが、実際には倍で終わるわけではないんだ。何倍にも増殖していく。さあ、どんなケースなのか、考えてごらん」

スティーブはたじろいだ。チャオが質問ばかりしないで、もっと自分で喋ってくれたほうが気楽なのに。

「ひとつも思いつきません」

スティーブがまだ宿題のダメ出しに動揺していると判断したチャオは、アプローチを変えてみることにした。

「スティーブ、ホンダの製品と言えば?」彼は非常に穏やかに優しく訊ねた。

「自動車です」

「それと?」

「オートバイ」

「それと?」

スティーブはコマーシャルで見たかすかな記憶を掘り起こしてみた。

「芝刈り機」

「それから?」

まだ、何かあったはずだ。スティーブはもっと曖昧な記憶を掘り返した。

「ボート用船外機があったような――」

「よろしい。他には?」

さすがにもうタネは尽きた。「工業用モーター?」

「知ってるのか? それともただの推測かな?」

スティーブは笑いながら答えた。「単なる推測です」

「まあ、それでも正しいことは正しい」

スティーブの頭の中で何かがひらめいた。「つまり、利益増殖モデルというのはひとつの技術で五倍、六倍の利益を生み出すことですね?」

「そうだな。技術でもいいし、他のものでも可能だ。技術以外のものなら?」

スティーブは考え込んだ。先ほどより長い沈黙が続いたが、何も思いつかなかった。彼はじれったい思いでいた。チャオはなぜ普通の教師のように、必要なことを単刀直入に告げてくれないんだろう。まったく、なんてキャラクターなんだ! ――そのとき突然、スティーブの険しい表情に笑みが戻った。「わかりました! キャラクターですね。ディズニーのキャラクターみたいな!」

チャオはうなずいた。「その通り。マペットのような複数からなるキャラクター群もあれば、大ヒット間違いなしの映画のストーリーや、貴重な情報もそうだ」

「つまり、キャラクターやストーリー、技術、その他もろもろの資産をさまざまな形式で繰り返し再利用するということですね」

「その通りだ。で、利益はどうして生じるのかな？」

「えーと、研究開発コストや生産開発コストが下がるからです。利用するたびに作り直す必要がありませんから」

「それから？」

スティーブはまた眉を寄せて深刻な表情を見せた。今回はイラついていたわけではなく真剣に考えていたからだった。再び部屋は静まり返った。

チャオはヒントを与えた。「研究開発や生産開発で重要なのは？」

「さっき言ったように、コストだと思います」

「たしかにそうだが、他にはないかな？」

「そうですね。先週の話にも出てきましたが、成功の可能性も重要な点です。研究開発プロジェクトの大半はまったく価値を生み出していない。成功の可能性を高めることができれば――」

「それでいいんだが――」チャオは急いで口を挟んだ。「たとえば、ホンダ、ディズニー、キャラクター製作会社のヘンソン・プロダクションズ、金融情報企業のブルームバーグ、彼らの研究開発での成功の可能性はどうなっているだろう？」

「確実に高まっています。相当に上昇しているでしょう」

「たしかに彼らはそうだ」チャオはうなずき、満足している様子だった。

「利益増殖モデルは、どことなくマルチコンポーネント利益モデルに似ているような気がするんですが」

「それはどうかな？」とチャオが訊ね返した。

「似ていますよ。どちらも同一の基盤となるアイディアが存在し、それをさまざまな形で再利用している点です」

「そう言えなくもないが、この二つは同じものではない。あのとき話した書店やホテルの話を思い出してごらん。彼らは異なる製品をいくつ販売していたかな？」

「いいえ、同じ製品をパッケージを変えて売っていました」

「その通りだ。では、ディズニーはどうだろう？　ブロードウェイの『ライオン・キング』とDVDの『ライオン・キング』、ライオン・キング・ランチボックス、テレビゲームやテーマパークのアトラクションのライオン・キングは同じ製品とは言えないだろう？」

　スティーブにもチャオが言わんとすることがわかった。「ええ。いずれも同一のオリジナル資産から派生した異なる製品ですね」

「理解したようだね。ところで、この利益モデルはあらゆるビジネスに通用するだろうか？」

「いいえ」スティーブは即座に答えた。

「確信はあるのかね？」

その他の利益形態

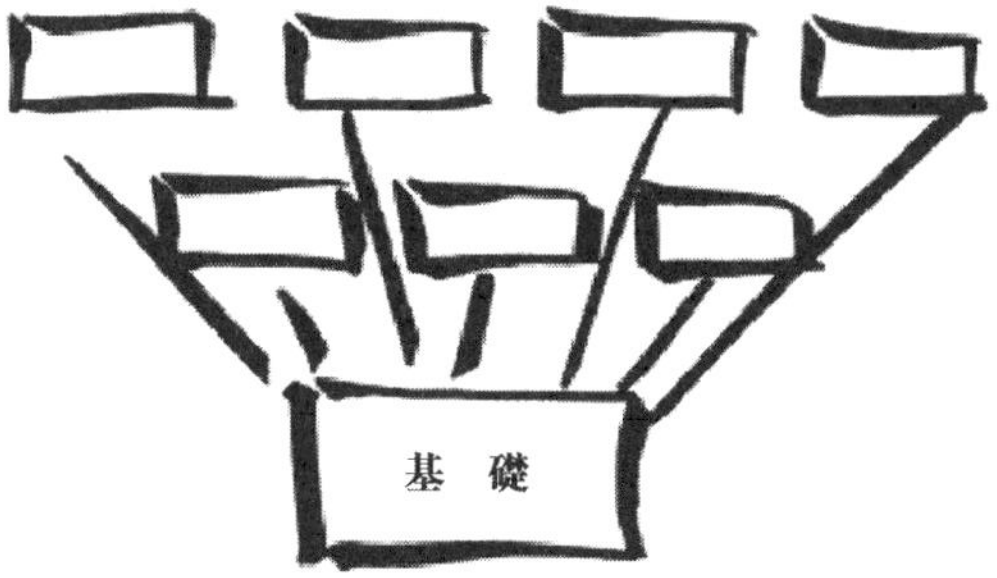

技術、資産、知的所有権

チャオに訊かれて、スティーブは自分が確信するまでには至っていないことに気づいた。「少し考える時間をください」

「いいとも。まずこのモデルが当てはまると考えられる最良の例をリストアップしてから、すべてのビジネスに機能するかどうか検討してきなさい。仮に通用しないとなれば、その理由も考えること。今日はここまでにしておこう。来週は感謝祭だから週末はオフにして、再来週また会おう」

「わかりました。利益増殖モデルの図はありますか？」

「もちろんだ」チャオは紙をとると八つの箱を七本の線でつないだ図を描き、スティーブに渡した。

「そうだ、もうひとつ課題があったな」とチャオが言った。「『アインシュタインの夢』は読んだかい？」

　スティーブは嬉しそうに答えた。「読みました。素晴らしい本でした！」

「君が勉強していることと無関係じゃないことがわ

かっただろう?」

　スティーブは赤くなって答えた。「そこまではよくわかりませんでした」

「そうか。では、どんな内容だったかな?」

「宇宙に存在するさまざまな種類の時間について書いてありました。過去へさかのぼる時間、無限に反復する円環を描く時間、複数の次元を持つ時間、その他いろいろな種類の時間です」

「今日話した内容と関連する部分はあったかな?」

　スティーブはよく考えたうえで、ためらいがちに切り出した。「えーと、利益増殖モデルとは、ひとつのテーマにさまざまなバリエーションがあるということで、同一の資産から価値を抽出するさまざまな方法を見つけることでもたらされます」

「いい線まできている。先週『アインシュタインの夢』を読んで発想をオープンにするように言ったことは憶えているかい?　そこがポイントだ。あの本は利益増殖モデルに限らず、すべての利益モデルに関係している。人は利益を生み出そうとするとき、ひとつの方法だけに執着するものだ。一番身近な方法、あるいはフォーチュン誌の最新記事で読んだ方法などにね。これでは一種類の時間しか想像できないのと同じだよ。現実は、私たちが限られた想像力によって認識する世界よりも、遥かに複雑で可能性に満ちているものだ」

　二人はしばし黙り込んだまま物思いに耽っていた。ようやくスティーブが口を開いた。「今回の本は?」

「アイザック・アシモフの『天文学入門(*Asimov on Astronomy*)』(邦訳、光文社カッパブックス）の第八章だ」
スティーブが去ったあと、チャオはしばらく座ったまま今日の授業を思い返していた。はたして自分は彼を正しい方向に導いているのだろうか。これから彼は、うまく世界と渡りあうことができるだろうか。スティーブは頭のいい青年だ。それだけは間違いない。だが、はたして次に待ち受けている別の宇宙を理解できるだけの広い心を持っているだろうか？

その答えはこれから数週間のうちに出るはずだった。

8

利益追求に邁進する情熱――起業家利益モデル

一二月七日。この朝、スティーブは目覚まし時計をかけるのを忘れていた。いつになく鮮やかな夢を見て、感情の高まりで目が覚めると、いつもより一時間半も遅かった。

夢のなかで彼は、高いオフィスビルの上層階でデスクに向かっていた。自分が勤めているミッドタウンのビルでもチャオのダウンタウンのビルでもなかった。次の瞬間、彼は外から建物を見上げていた。厚い壁で覆われ、周囲は堀割で囲まれた、まるで中世の城砦のような建物だった。すると、みるみるうちに城の土台に大きなひび割れが生じ、てっぺんの尖塔から堀に向かって石が落下し始め、水が滝のように舞い上がって彼に降りかかり――。

スティーブはそこでハッと目が覚めた。時計を見るや、慌ててコーヒーを一杯流し込み、急いで着替えて地下鉄の駅まで走った。七分の遅刻でようやくオフィスに到着すると、チャオはいつものように机の向かい側の椅子に座るよう招き入れ、前置きなしで本題に入った。

「先週の火曜日、友人のジャック・サンダースとランチをとった。彼は世界一ケチな男だ。現在は四つ目のベンチャーを手がけているが、最初の三つは大金と引き換えに手放した。そのうち二つはうまくいっており、いまになって売却したことを後悔している。三つ目の事業がうまくいっていない理由は、想像力を欠いたお粗末なマネジメントのせいだそうだ。ジャックはいまこれを買い戻すべく交渉中だが、一〇カ月あれば立て直せると考えている」

スティーブは腰を下ろし、チャオの話に集中しようとした。「一〇カ月とは、ずいぶん厳密な見通しですね」

「ジャックは非常に緻密な男なんだよ。普通の人はせいぜい二〇ドル札の置き場所を憶えているだけだが、彼の場合は小銭を置いた場所まで正確に記憶している」

スティーブは笑いながら訊いた。「ランチ代はどちらが払ったんですか？」

「今回はジャックの番だったんだが……」真顔で答えたチャオの声に冗談っぽい響きがあった。

「だが――？」スティーブも面白がって促した。

「彼はコインで決めようと言い出した。二人分払うかタダメシかだ。とにかく出費を避けたいんだよ、彼は」

「それで、結末は？」

「彼の勝ちさ。ジャックはこっちが呆れるほど大喜びだったよ」

「ものすごくケチという他に何か実践していることがあるんですか？」

「一番重要なことは、彼が宣教師のように倹約を説くことだな。熱心に激しく、そして絶対的な自信を持って説くんだ。彼は完全かつ普遍的な節約の心理学を打ち立て、みずからその生ける実例となったのさ」

これはただの世間話じゃない、もう授業が始まってるんだ、とスティーブは思った。彼はさっそくメモをとり始めた。「どのような方法で?」

「いろいろある。たとえば、飛行機なら必ずエコノミー、ホテルは基本的な清潔さが満たされている限り一番安いところに泊まるといった具合だ。先方に出向く場合の移動も、必然性に照らしてできる限り節約する。電話やＦＡＸですませられないかと相手に打診する。出かけずにすむのは四割ほどだが、かなりの経費節約にはなるし、生産性も高まる。金銭面での節約もさることながら、それ以上に重要なのは、事業に専念できる時間が捻出できる点だ」

チャオはひと息つき、スティーブが感想を述べた。「賢明というか、徹底したやり方ですね」

チャオは続けた。「彼はコミュニケーションを非常に重視するタイプだ。もっとも、安上がりのコミュニケーションに限られるがね。社外で開く会議は、たいがい高校の体育館で行なう。朝早くから夜遅くまで、顧客ニーズやコスト削減や売上増大といった、きわめて実際的なテーマに焦点を絞って話し合うんだ。そして、非常に明確な目標を設定する」

「他にどんなことをしているんですか?」

「そろそろ君にもジャックという人間がわかってきただろう?　彼がどんなことをするか想像してみなさい」

スティーブはいきなりピシリと叩かれたような気がした。そうか、ゲームの主人公は僕なんだ。彼は少し考えてから話し始めた。「ジャックはサプライヤーに残酷な要求を突きつけます」

「手強い要求だ。残酷というのは当たらない。彼は徹底して最低価格を追求するが、そのために必要な創造性と新しいアイディアも追求する。だから、サプライヤーを甘やかしはしないが、叩きのめすようなこともしない。ジャックの会社が他社の倍の速度で成長し続ければ、サプライヤーにも恩恵があると熱心に説得する。ジャックが前もって立てた緻密な計画に沿って事を進めれば、サプライヤーの悩みも出費も著しく減少する。サプライヤーにとって彼は手強いけれど同時に高収益を約束してくれる顧客というわけだ」

チャオはいったん話を止めて訊ねた。「さて、彼は他にどんなことをしているかな？」

スティーブは真剣に考えた。

「彼は大きな買い物はすぐには認めず、主要な経費すべてについて、その妥当性を問い直します」

チャオはしばらく考えていた。「たしかに彼は出費の是非を厳しく問い直すが、正しい情報に基づいてそれを行なっている。それに、見直しは主要経費に限ったことではない。他には？」

「えーと、社員たちに業績を競わせます」

「よろしい。他には？」

「業績上位者を祝うパーティを開きます」

「なるほど。あとは？」

「それから、恥も外聞もなく他社を模倣します」

「その通り。臆面もなくね。もうないかな？」

「これだけ挙げれば十分では？」

「いや、ジャックの場合はまだ足りないよ」

スティーブは懸命に考え、思い切って言った。「ジャックは色々な実験に挑戦するタイプです」

こころなしかチャオが目を見開き、身を乗り出したように見えた。「そうだ。そういうヤツなんだ。挑戦したあと、彼はどうするかな？」

「そうですね、失敗したときはさっさと打ち切ります」

「では、うまくいったときは？」

「そのまま突っ走ります」

「彼の小さな会社に雇われている社員たちはどう感じているだろう？」

「ときには駆り立てられているように感じるはずです」しばらく考えてスティーブは言った。

「うん。なかにはプレッシャーに耐えかねて辞めていく人もいるが、残った連中はどうだろう？」

「思うに彼らは――なんと言うか、昂揚感と充実感を味わっているはずです。少なくとも自分たちは時間とエネルギーを無駄にしていないと感じています」

「まさにそれだよ！」チャオは握りこぶしで机を叩いて言った。「そのうえ、彼らは敗北より勝利がどれだけ楽しいものか知っているし、忙しく働くことの楽しさも知っている」

「ジャックはそういうやり方をどこで学んだんでしょう？」

「半分は父親から受け継いだ。彼の父親は優秀だったが、野心はなく地道にコツコツ仕事をするビジネスマンだった。もう半分はウォルマートのサム・ウォルトンを熱心に研究した結果だ。だが手本となる人物は他にもいる。私はジャックを見ていると、本田宗一郎と重なるんだ。彼はどん底から這い上がり、会社を叩き上げ、そのプロセスを大いに楽しんだ人物だ」

二人はここまでの話を思い返しながらしばらく黙り込んでいた。

最初に沈黙を破ったのはスティーブだった。「ところで、今日の利益モデルは？」

「いま話したじゃないか」

スティーブは驚いて飛び上がった。「話した？　どれですか？」

「考えてみなさい」

スティーブはジャックについて考え、サム・ウォルトンについて考え、徹底した倹約精神と明確なコミュニケーション、スピード、挑戦、仕事を面白がることについて考えた。「よく言われる起業家精神に通じるものがありますね」

「その通り」とチャオも認めた。「ビジネスの世界では、これこそが最強の武器だ。この精神があればこそ、合理性と常識をどこかに置き忘れることなく、全社一丸となって利益の追求に邁進できる。わき道にそれて愚にもつかない事柄にかかずらわる余裕があるのは大企業だけと相場が決まっている。『こうやるしか生きていく道はない』という、実にシンプルな精神《マインドセット》のありようだが、これこそが大きな利益を生む源なんだ。ビジネスの世界で最も難しいのは、成功した後でも起業家精神を持ち続けることだ」

チャオはひと呼吸置いて続けた。「ある意味で、イノベーションに伴う苦役とは対極のものだね」

「つまり〈起業家利益モデル〉というわけですね」とスティーブがコメントした。

「まさにそうだ。君は直接、経験したことがあるかね？」

「ありません」

「当然ないだろう。デルモアは大企業だからね。数々の成功の遺産から入ってくる有り余る資金で、あらゆるタイプの非起業家的行動を支えることができる」

「戦略企画部門を設けるような、ですか？」スティーブは顔をしかめて言った。「よかれと考えて設けた部門です。あなたの言い方だと、まるで成功がもたらした弊害であるように聞こえます」

「害になることもある。というより、成功の弊害のひとつになることもあると言ったほうが正確かもしれない」とチャオは訂正した。「おそらくデラハンティー大佐には、そこのところがわかっていたような気がするね」

「それは誰ですか？」

「サイラス・デラハンティーという名前に心当たりは？　デルモアの創設者だよ」

「初耳です」

チャオはがっかりしたように首を振った。「いつか彼について調べてみなさい。彼は当時のビジネス界で傑出した存在というわけではなく、むしろあの時代の典型的な経営者だった。一八八〇年代から九〇年代にかけて、生計を立てるために、自転車修理、煙突の蓋作り、鉄条網の製造等々、およそありとあらゆることをやった。やがては自動車産業に目をつけて、ランプやバンパーなどの自動車部品の製造を始めた。第一次世界大戦中はさらに航空機部品にまで手を広げ、一九二五年にはフォード社の主要サプライヤーにまで登りつめた。すべてはインディアナ州のデラハンティーの納屋から始まったんだ」

スティーブは今朝の夢を思い出した――七五年の時を経て、デラハンティーの納屋は堀割に囲まれた城に変わり、いまや土台にはひび割れが……。「彼について調べてみます」スティーブは約束した。「起業家利益モデルの図は？」

「これは図にはできない。ときには図より話のほうがリアリティがあるものだよ」

「何か読んでおく本はありますか？」

「サム・ウォルトンとジョン・ヒューイの『ロープライスエブリデイ（*Made in America*）』（邦訳、同文書院インターナショナル）。起業家利益モデルを学ぶには、いまのところあれ以上の教科書はないだろう。あの本には他に二つの利益モデルが埋もれているが、それはまた機会を見て話そう。いまは全部読む必要はない。最初の五章だけ読みたまえ。一〇〇ページかそこらだ」

授業も終わりに近づいたように見えた。「今日はこれで終わりですか？」とスティーブが訊ねた。

「いやもう少し。例の『天文学入門』はどうだったかね？」

スティーブは思い出しながら言った。「興味深い本でした。アシモフという著者は素晴らしい書き手です」

「そうだね。それから？」

「数に対する見事な頭脳を持っています」

「その通り。しかも、あの本には『数字オンチの諸君！』を超える考え方が示されている。そこがポイントだ。アシモフがストーリーの基調としてどのように数字を使っていたか気づいたかね？」

「おっしゃる意味がよくわかりません」

「太陽系の惑星と太陽の相対的な距離について、彼が何を指摘し、そこから一〇番目の惑星の性質について何を語っていたか、思い出してごらん」

「あっ、そうだ。その部分を思い出しました。『絶対的な孤立』ですね」

「その通りだ。この太陽系に一〇番目の惑星が存在するとしたら、九番目の惑星、冥王星より遥か遠くに存在することはほぼ確実で、その星と冥王星の距離は地球と冥王星の距離よりも遠い。そして、二七〇〇年ごとに冥王星と二五億マイルに接近する。その孤立感たるや凄まじいものがあるというくだりだ」

「まるでＳＦの世界ですね」

「だが、厳密に事実に基づいている。数字で遊ぶことと、数字が告げる関係性やつながり、因果関係に気づくことはまったく別のことなんだよ」

「数字に慣れようと努力はしているんですが、なかなかできなくて」スティーブは残念そうに言った。「どうすればあなたのようにできるのでしょうか」

「私が何をしていると言うのかね？」

「あんなに速く計算をやってのけるじゃないですか。計算機も使わずに」

チャオの顔に満面の笑みが広がった。「なんてことはない。ごまかしてるんだよ」

「ごまかす？」

「そうさ。簡略化して近道の計算をしてるのさ」

「でも、どうやって？」

「簡単だよ。まず、素早く大雑把な数字にしてから、どの程度調整するかを判断するんだ。やってみせようか？」

「ぜひ、お願いします」

「よろしい。では、例の富士山の問題をやってみよう。ざっとした計算でいいなら、あの問題はほんの三〇秒で答えが出る。計算機も紙も鉛筆も使わずにね。こうするんだ。

富士山の高さを一マイルとする。実際には違うが、この際関係ない。あとで調整すればいいからね。ここで一辺が一マイルの立方体の箱に円錐形の富士山が入っていると考えて、この箱の体積を求める。一マイルは五二八〇フィートだが、五〇〇〇で計算する。体積は五〇〇〇の三乗だね。いくらになるかな？」

スティーブは暗算してみた。五掛ける五掛ける五は一二五。それに一〇〇〇の三乗は一〇億。

「一二五〇億です」

「そうだ。富士山がこの立方体の約半分を占めているとすれば、だいたい六〇〇億立方フィートだ。いいね？」

「はい」

「今度は、ダンプ一台当たりの積載量を二〇〇〇立方フィートとして、何台分になるか計算する」

「三〇〇〇万台です」

「一台当たり三〇分かかるとして一五〇〇万時間。それを二四時間で割ると日数が出る」

今度は少し時間がかかった。「えーと、最初に六が立って、余りが六〇だから次は二……六二万五〇〇〇日です」

「それを六〇万として一年三六五日で割る。これも切り上げて四〇〇で計算したほうが簡単だろう」

「だいたい一五〇〇年というところですね」

「よろしい。ここで必要に応じた調整作業に入る。こういう考え方をするんだ。富士山の高さは二マイル以上ありそうだから、立方体の一辺は約一万フィート。体積は三乗して一兆。富士山はその半分で五〇〇〇億。一マイルで計算したときの六〇〇億の八倍だ。これを一五〇〇年に掛ければいい。わかるかね？」

「なんとか」

「まあいずれにしても、答えは正確な数字とはかけ離れたものだ。しかし、少なくとも取り組んでいる問題の数字の規模を知ることはできる。この大まかな計算での答えは一万二〇〇〇年ぐらいで、五〇〇〇年でもなければ一〇〇〇万年でもない。それがきっかり三〇秒でわかるはずだ」

スティーブは感動していた。

チャオはさらに続けた。「スティーブ、数字で遊ぶ習慣をつけなさい。必ず君の力強い味方になる。真偽を確かめるテスターにもなれば、チャンスの検知器にもなるからね」

スティーブは少し気が楽になったように感じ、いつかは自分もできるようになると思った。「どんな練習をすればよいでしょう？」

「『数字オンチの諸君！』にいくらでも載っているよ。アシモフの本にもだ。第八章は読んだようだから次は第九章を読みなさい。だが、本当のところ、いつ何時でも練習するつもりさえあれば、本などなくてもできるんだ。ビジネスウィーク誌の記事を読んでいても、推定したり、予測したり、関係性を汲み取ったりと、数字で遊ぶことはできる。ウォールストリート・ジャーナルでもフォーチュンやフォーブスでも同じだ。デスクに乗っているレポートだって同じさ。日々、デルモアに関係するさまざまな数字を目にしているだろう?」

「ええ」

「数字の上っ面を真に受けてはダメだ。上っ面を引き剥がして、数字が告げている真実を見抜かねばならない。二つの数字を擦り合わせる習慣が身につけば、より批評的に読んだり考えたりできるようになるだろう。まさに習慣だ。たわいのない、しかし素晴らしい習慣だよ。

　この習慣が身につけば、勝利への道が大きく開け、毎日少しずつ意思決定がうまくなるだろう。月に一度くらいは君を大失敗から救ってくれるかもしれない」

　チャオは突然話を止めた。自分が街頭演説でもしているような気がしたからだ。実際、スティーブ相手に喋るのは嫌いではなかったが。彼はひと呼吸置くと、優しく訊ねた。「わかってもらえたかな?」

　スティーブはニッコリして答えた。「わかりました」

「よろしい。ではまた来週会おう」

9 すべてを知りつくすことの強み——スペシャリスト利益モデル

一二月一四日。スティーブがオフィスに入っていくと、チャオが声をかけた。「浮かない顔をしているね」

「理由はご存知ですよね」とスティーブが答えた。

「想像はつく」今週のヘッドラインを目にしていたチャオは言った。

デルモア、八〇〇〇人削減へ
損失予想一一億ドルでレイオフと事業売却に拍車

「スタッフ部門の削減はすでに始まっています。僕はいまのところ大丈夫だと上司のキャシーが保証してくれましたが、同じ部門で三人が解雇されるようです。化学部門と薬品部門で一緒に仕事をしている人たちの中にも解雇される人がいます。事業売却についてはどこを売るかまだ決まってないようですが」

「どの事業を切るか。これは難しい選択だね。そこそこ儲かっている事業は売りたくないだろうし」

「僕が心配なのは、多くの社員が自分の部門が売却されることを期待し始めていることです。自分たちのことを理解してくれるところが買ってくれれば、少なくとも戦うチャンスはあると言っています」

「君やキャシーをはじめ、戦略企画部門の連中へのプレッシャーはますます高まっているわけだな」

「だと思います」とスティーブは同意した。

「君が調査チームのリーダーを任された建築資材事業のことで、何かいいアイディアは浮かんだかね？」

「まだです。けれど、近くみんなで話し合う予定です。そんなことより、何か新しいことを教えてください。気が紛れるようなことを」

「わかった。では、さっそく今日の本題に入ろう」チャオは椅子に寄りかかって話し始めた。

「息子がまだ小さかった頃、私たちはしょっちゅうマサチューセッツ州ケンブリッジにある科学博物館へ足を運んだ。土曜日の午後に雨でも降ろうものなら、必ずと言っていいほど通ったものだ。なかでも、オムニ・シアターの最新フィルムは絶対に見逃さなかった。サメや地震や火山などの映像だ。

　博物館の中で私が個人的に好きだったのは、数学の部屋の壁だった。そこにはプトレマイオスからフェルマーやノイマンに至るまで、有名な数学者の生涯が手短かに展示されていた。とくに気に入っていたのはヒルベルトのパネルだ。ヒルベルトが数学を学ぶときに用いた方法は驚くほどシン

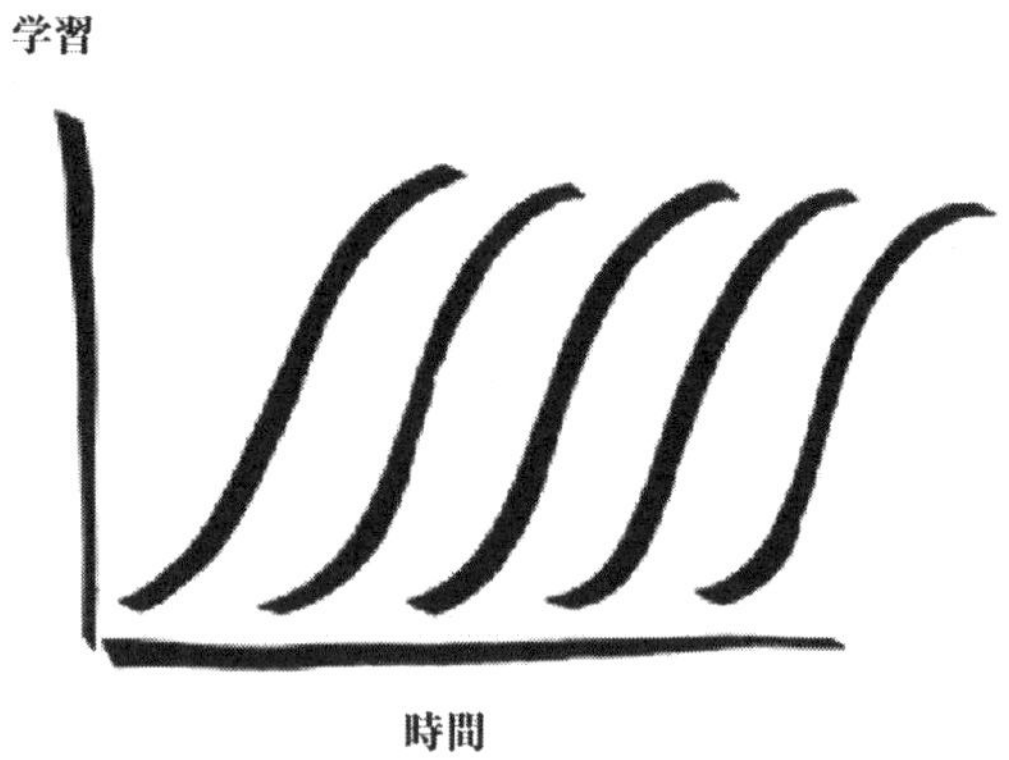

プルだった。スペシャリストになるための学習の積み重ねだ。彼は一つの分野を完全にマスターするまで何カ月もそれを追究し続ける。それから次の分野に移るんだ。これを図に表すと緊密なS字の連続になる」

　チャオはペンを取り出すと黄色いリーガルパッドの新しいページに七本の線を描いた。

「S字一本が代数、三角法、微積分、位相幾何学《トポロジー》などの分野を表すと思ってほしい。真の理解とただの理解。その違いがわかればヒルベルトの学習戦略の本質をとらえることができるだろう。

　一九六二年から九五年にかけてEDS（エレクトロニック・データ・システム）社は驚異的な成長を遂げたが、その背後にあったのもこの戦略だった。EDSはシステム・インテグレーションの分野を確立した企業だが、すべてを一度に学んだわけではない。たとえば、ヘルスケア、銀行、製造業といった事業分野を選び、それぞれについて、自社のサービス提供コストだけでなく、顧客のビジネスプロセスやコストを隅々まで調べていった。しかも、業界の全般的な数字ではなく、個々のメーカー、銀行、病院の実際の数字をつかんだんだ。これはヒルベルトが行なったスペシャリスト化の積み重ね作業をシステム・インテグレーション分野に応用した例と言える。

結果は見事に数字となって現れた。九〇年代初頭、ＥＤＳの売上高利益率は一三％から一五％に達した。一方でライバルのＩＢＭは損益分岐点に留まっていた。

もちろんこの〈スペシャリスト利益モデル〉を実現したのはＥＤＳだけというわけではない。ビジネスフォーム（業務用帳票類）の世界では、ウォレス社が電気通信業界を相手に驚異的な収益性を達成した。ライバル社が次々と、ヘルスケア、官公庁、金融サービス、製造、運輸交通といった事業分野に手を広げるなか、ウォレスは電気通信業界だけに専念した。そして電気通信ビジネスを徹底的に研究し、この業界の契約の構造やビジネスプロセスはもとより、どこに最大のバリューを提供できる機会があるかまですべて熟知した。そして、ビジネスフォーム業界ではかつて聞いたこともないような高い利益率を実現したんだ」

スティーブはすっかり話に引き込まれていたが、突然チャオが矛先を変えた。

「というわけだが、スティーブ。彼らがそれだけの高収益を上げた理由は？」

突然話を振られてスティーブは驚いたが、黙り込みはしなかった。ここ数週間で、ふいに難しい質問をされても慌てないだけの心の準備ができていたからだ。

彼は急ピッチで思考モードに入った。「その理由は、顧客のシステムを熟知することで、製品やサービスを提供するうえでのコスト・アドバンテージが生じたからです」

「クワント?」とチャオが訊ねた。

「えっ?」

「すまんすまん。好きでよく使ってしまう表現なんだ。どのぐらい、という意味だよ」

スティーブは少し考えた。「少なくとも五%から六%です」

「もっと高くできるかな?」

「ええ」

「クワント?」今回はニヤッと笑いながらチャオが訊ねた。

「七%から一〇%ぐらい」

「それ以上は?」

「うーん、難しいでしょうね」

「よろしい。他には?」

「価格プレミアムも生じたでしょう」

「かなりの?」

「いいえ」

「クワント?」

「三%から五%ぐらいです」

「他には?」

スティーブはしばらく考えていた。「業界内での評判が高まったこともありそうです。たとえば、あそこの会社はこのビジネスを知り尽くしていて役に立つ、と囁かれるようになるとか」

「するとどうなる？　それはどんな意味を持つかな？」

スティーブは頭の中で収益性を左右する変数を選り分けた。「えーと、販売サイクルが短くなります」

「つまり？」

「スペシャリスト化していない企業より、稼働率が高くなります」

「他にも何かあるかね？」

多少スピードが鈍ってきたものの、スティーブはなんとか先を続けた。「優れた人材を惹きつけられます」

「その結果？」

「後続製品の品質とコストと販売力が改善されます」

チャオは容赦なく質問を畳みかけた。「それでどうなるかね？」

「価格設定も稼働率も、より向上します」

「いいだろう」ここでチャオは質問の手を少し緩めたが、これで十分だと思ったわけではなさそうだった。「いままで挙げた要因で、一五％の差が生じた理由を説明できると思うかね？」

スティーブはしばらく考えた。「近づいているとは思いますが、これだけではまだ完全には説明できません。他にも何かあるはずです」

「あるとも」とチャオが力強く言った。「スペシャリスト化した企業は、提供する商品やサービスのメニューを細かく作ることで、より適切で有利な価格設定を行なうことができる。納品までのコストを熟知していれば、細かい内容や条件に応じて正確に価格を設定することができる。彼らはけっして顧客のリクエストにノーと言わないが、かかったコストはきちんと説明して請求する。EDSにしろウォレスにしろ、ヒューレット・パッカードのグローバル・アカウント・マネジメント・プログラムにしろ、提供するサービス・メニューと価格設定の算法《アルゴリズム》こそが、他社が収支トントンに終わっているビジネスで一五%の利益を上げられる決定的要因となっているんだ。ところで、これ以外にもスペシャリスト利益モデルの収益性が高い理由が何か考えられるかな？」

スティーブは懸命に答えを探り続け、ふと新しい考えに思い当たった。「仮に何か、たとえばある問題に対するソリューションを発明したとします。そのうえ、その方面のスペシャリストとしてもよく知られていたとしたら、同じソリューションを五回でも一〇回でも、一五回でも何回でも繰り返し売ることができるんじゃないでしょうか」

チャオは嬉しくて胸が躍ったが、顔やしぐさにはいっさい表さず、穏やかに次の質問を投げかけた。「それで、その場合の利益率は？」

「六〇%から七〇%ぐらいでしょうか？」

「そんなに？」

スティーブは自説を曲げなかった。「ええ」

「理由は？」

「なぜなら、コストの大半はソリューションの開発段階で生じるからです。繰り返し市場に出せるならオペレーション・コストをかなり低く抑えることができます」

「つまり、そういうソリューションが一つか二つあれば、最終的な利益に大きな違いが生まれるということかな？」

「はい。そのうえ――」

「そのうえ？」

「この種のソリューションやアイディアに到達できる可能性は、スペシャリストのほうがゼネラリストより遥かに高いはずです」

「件数が新たな効果をもたらすというわけだね？」

「ええ。スペシャリストは年にいくつものソリューションに到達しますが、ゼネラリストはせいぜい一つか二つ、下手をすれば一つも生み出せないでしょう」

「他には何か？」

スティーブは内心、これだけ挙げれば十分だろうと思っていたが、口には出さず、さらに考えてみた。「スペシャリストはソリューションを繰り返し利用するだけではなく、他社より先にテストし、他社より先に売り出すことができます。業界や顧客企業、あるいは特定の意思決定者とコネクションがあるからです」

「密接な関係で結びついているというわけだね？」

「まさにその通りです」

チャオはクスクス笑った。「ちょっと待ちなさい。『その通り』というのはこっちのセリフだ。君は答える側だぞ」

　スティーブも笑い出した。「どうもすみませんでした」

「まあいい。この利益モデルの例として、ＥＤＳ、ウォレス、そして九〇年代初頭のヒューレット・パッカードのグローバル・アカウント・マネジメント・プログラムを見たことになる。あとＡＢＢも忘れてはいけないな」

「えっ？」

「ＡＢＢだよ。ヨーロッパの偉大なエンジニアリング企業だ。今回の宿題だが『プロフィット・ゾーン経営戦略（*The Profit Zone*）』（邦訳、ダイヤモンド社）の第一二章を読みなさい。エンジニアリング分野でスペシャリスト利益を生み出す状況をつくる方法と、その機会を最大の儲けに結びつける方法が書かれている。他にもこの利益モデルの例を思いつくかな？」

　スティーブは素早く考えてみた。

「こちらのストーム・アンド・フェローズにいるような独禁法専門の優れた弁護士、心臓科医、エンジニア――つまり法曹界や医学界など、専門家の世界にいる最高の頭脳の持ち主たちがそうですね」

「よろしい。実際、ＡＢＢはこの原理をエンジニアリングの世界に非常に大きなスケールで適用した例と言える。他には？」

　スティーブは記憶のファイルをめくり続けた。彼は先手を取って今週の宿題をこの場で片付けてしまおうと思った。「学校教師、カテゴリーを絞った小売業者、専門分野に特化した建設会社」

「いずれも正しい。では、そのすべてに共通する要素は？」

スティーブは指を折って数えながら答えた。「一つ、よりよいナレッジから生じる低コスト。二つ、業界内での高い評価や製品・サービスのユニークさによって可能になる有利な価格。三つ、販売サイクルの短さ。四つ、その分野に張り巡らされた密接な関係による迅速かつ全面的な市場への浸透。五つ、高付加価値、高収益の製品を何度でも売れることから来る棚ぼた式の利益」

今回、メモをとるのはチャオのほうだった。いまのような簡潔明瞭な答えが彼の好みだった。続きを聞きたいと思っていると、案の定、スティーブが喋り出した。

「以上の点を総合すると、ゼネラリストとスペシャリストの収益性の相違は、売上高利益率にして一〇ポイントから一五ポイントの差となって現れてきます。ゼネラリストが損益分岐点に留まるならスペシャリストは一五％、ゼネラリストが一〇％ならスペシャリストは二五％というように」

チャオは予想を超える回答に大いに満足した。しかし、残念ながらその気持ちをおおっぴらに表現するわけにはいかなかった。そこで「宿題をこの場で終わらせてしまったことになるが、今週は何をするつもりかね？」と訊いた。

スティーブは思案していたが、いいアイディアを思いついた。「そうですね、これまでの九回の授業で学んだ利益モデルを頭に叩き込み、必要なときにいつでも取り出すことができるようじっくり復習することにします」

チャオは舌を巻いた。スティーブの戦略思考の成熟度は思った以上に進歩している。そこでチャオはすぐに続けた。「ある優れた日本人通訳者が以前、私にこう言った。君も憶えておくといい」

「何でしょう?」

「学習には四つのレベルがある。すなわち、自覚(Awareness)、当惑(Awkwardness)、適用(Application)、一体化(Assimilation)だ」

スティーブはこれが大いに気に入ったが、脳の歯車は依然として活動していた。

「実際には、五番目がありますね」

「何だね?」

「アートです」

チャオは笑った。「いつかはその域に達するかもしれないな。私としては君が一体化の域に達してくれたら、こんなに嬉しいことはない」

「いつかきっと――。そこまで行けたらいいと思います」

「私も君ならできるんじゃないかと思い始めている。そうなるためにも、デルモアについて考え続けることだ」

「簡単ではなさそうですね」

「確かに」

「誰もが救命ボートを探し始めている状態ですから」

「君もかね?」

「僕も考えはしましたが、あの会社には留まって救い出す何らかの価値があると思っています」

「あるに決まってるじゃないか」チャオはびっくりするほど熱い口調で答えた。

「おわかりなんですか?」

「言っただろう? 私はデルモアをずっと見てきたんだ。あそこは有能な人材を擁する会社だ。彼らは一〇以上のさまざまな業界で、今後二〇年は有効な新たな価値を作り出そうと励んでいる。しかし問題は——」

「問題は手を広げすぎたことです」スティーブが口を挟んだ。

チャオはうなずき、言葉を継いだ。「手を広げすぎて、それぞれのビジネスの利益をきちんと見据えていない。解決策はいくらでもある。一つひとつの解決策を見きわめ、磨きをかける役目は君たちのような社員が担うべきだろう」

「そのつもりでやっているところです」スティーブが答えた。

「そう、やり続けることだ」

10

売り手が主導権を握る――インストール・ベース利益モデル

一二月二一日。

「カメラについて考えてみなさい」チャオは前置きなしに本題に入った。「とりわけ、ポラロイドだ。かみそりの刃やコピー機についても考えてみなさい」

「いま考え中です」スティーブは冗談まじりに答えた。

「よろしい。ここに二つのバケツがある。ひとつにはハードウェア、つまり何らかの装置が入っていて、もうひとつには消耗品が入っている」

スティーブは目を閉じ、真剣な面持ちでチャオの言葉に集中していた。「了解しました」

「何をだね？」

「二つのバケツです」

「よろしい。では、それが何を意味しているかわかるかな？」

スティーブは軽口をたたくのを止め、真剣に考え始めた。何か手がかりはないかとチャオのほうを見ながら言った。「利益率ですか？」

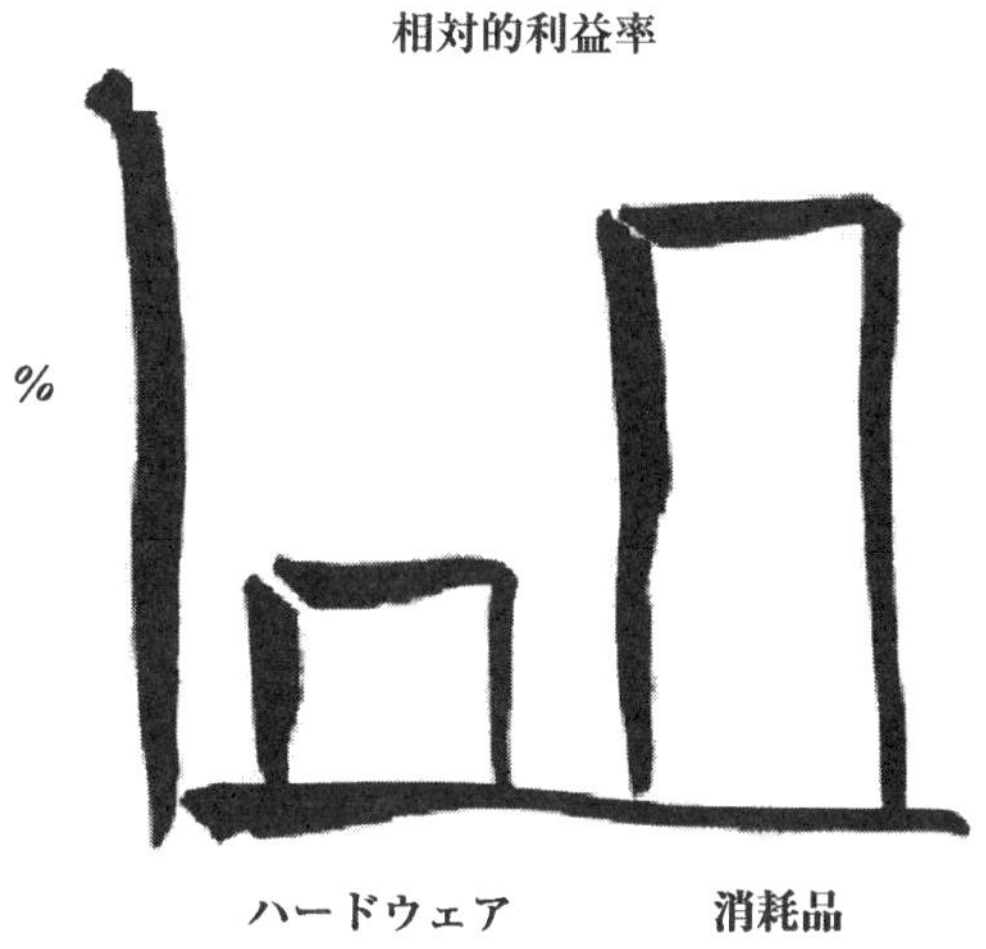

「なるほど――」

スティーブはまた考えた。「利益率が低いものと高いもの」

チャオの目がまるで自分で考えなさいと言っているように動いた。

「非常に低いものと非常に高いもの――でしょうか?」スティーブは思い切って訊ねてみた。

チャオは低い声で同意した。「で、どのぐらいかな?」

「おそらく、ハードウェアのほうは二%から五%、消耗品のほうは一〇%から一五%ぐらいです」

「よろしい」

チャオはペンを握り、素早くリーガルパッドに八本の線を描いた。「相対的利益率」という題を書き込むと、机の反対側からスティーブのほうに押しやった。「あとは自分で描いてごらん」

スティーブはチャオのペンを取り、しばらく考えて記入した。低い柱のほうに「ハードウェア」、高いほうに「消耗品」。

「よろしい」とチャオが言った。「他には?」

スティーブは自分に腹が立った。チャオが次に何を要求するか、考えておくべきだったのに。おずおずと目を上げてチャオを見ると、彼は表情ひとつ変えずに見つめ返した。

スティーブは刺すような視線を感じたが、リラックスするよう努めた。というより、無理やりリラックスを強いたと言ったほうがいいだろう。チャオから目線をそらし、窓の向こうで真昼のまばゆい太陽を浴びる自由の女神をじっと見つめるうちに、ようやくひとつの答えに到達した。「需要の差ですか?」

「そうだね」

スティーブはひらめいた。「一方は高く、一方は低い。まったく異なる要因で二つの需要は左右されます。新規の需要と継続的な需要。インストールされた基盤《ベース》が大きいほど、二つの差も大きくなります」

「よろしい。他には?」

再び、壁にぶち当たったような気がしたが、スティーブは思い切って訊いてみた。「何かヒントはありませんか?」

「そうだな、消費者の価格感応性、というのはどうだい」

スティーブはその言葉に飛びついた。

「わかりました。最初に買うハードウェアに対する価格感応性は高いけれど、消耗品へのそれはずっと低い」

「理由は？」

「繰り返し購入する消耗品の値段はいたって低いからです」

「他にもあるかね？」

スティーブは懸命に考えた。いまの答えが自信を与えていた。

「そうだ、主導権だ！」スティーブは叫んだ。

「どういうことだい？」

「主導権が移っていくんです」

「どんなふうに？」

「最初の製品の売買時には、買い手に選択権があります。実際、多くの選択肢があります。けれども、最初の売買の後は売り手が主導権を握ります。買い手は売り手が提供する消耗品にロックインされ、そこの製品を使い続けなければならないからです」

「よろしい」

「もうひとつ言わせてください」スティーブは自発的に話を続けた。

「何だね？」

「売り手が失策をおかす可能性についてです」

「どんなふうに?」

「二つあります。ひとつは価格設定を高くしすぎる場合です。買い手は腹を立てて別のブランドに変えるか、製品を棄てるか、いずれにしても仕返しされることになります」

「もうひとつは?」

「買いやすい環境を買い手に提供しない場合です」

「買いやすい環境を提供する? どういう意味かな?」

「早めにさまざまな案内をする、買い忘れを防ぐための通知をタイムリーに送る、まとめ買いできる仕組みを提供するといったことです。この〈インストール・ベース利益〉を、ただ口を空けて待っているのではなく、顧客の使用頻度や使用量を高める方向に持っていくという意味です」

チャオはひと呼吸置いて言った。「非常に優れた見解とは言えないが、自分から進んで一歩、二歩先を考えるという意味では評価できる。私もそういう姿勢が好きだ。さてと、今日はこのへんまでにしておこうか」

スティーブは深呼吸をひとつした。時間はけっして長くなかったが、激しいエアロビクスの後のような疲労感を感じていた。ここ数年、こんなに頭を使ったことはなかった。いや、ここ数年どころか、これまでで初めてかもしれない。

「実はいま、ちょっと思いついたことがあって」スティーブが出し抜けに話し始めた。

「どんなことかな?」

「うちの建築資材事業の大部分はインストール・ベース利益モデルが基盤となっているんです」

チャオは少し驚いたように見えた。

「ほう、もう少し詳しく話してごらん」

「集中冷暖房装置のフィルター、加熱炉や排気筒や煙突の内張り、ドアや窓。顧客は取り替え時期がくると、前に買ったものと同じものを欲しがります。あるいは家や設備を購入したときに付いてきたのと同じものを欲しがるんです。僕たちはこれを客待ちの受け身のビジネスと考えているので、顧客の維持やグレードアップ製品を売り込む努力をしてきませんでした」

「グレードアップは可能なのかね？」

「確かなことは言えませんが――」スティーブは居ずまいを正した。「いえ、言えるかもしれません。ちょっと待ってください。いま思い出しますから。昨日、新製品に関するレポートを読んだばかりなんです。アレルギーを引き起こさない空気フィルター。暖房や加熱炉用に開発された環境配慮型付属品。それから、冷暖房エネルギーの消費を抑え、室内空気の清浄効果もある窓や断熱材」

「そういう製品を積極的にマーケティングしたことはあるのかね？」

スティーブは首を振った。「いえ、一度も。製品をディーラーに知らせるところまではやってますが、それ以降は彼らに任せっぱなしで、これまで通りの製品を三分の一のディスカウント価格で買っていく客が大半です」

これまで見せなかった表情がスティーブの顔をよぎった。「ここに、何か考える余地がありそうです」

「ピラミッドかな？」

「ええ。そう思います」スティーブは興奮していた。「これまでも何かヒントをつかもうと、さんざん努力してきました。でも、論理的根拠のない、行き当たりばったりの製品ばかり手がけてきたことがわかりました。あまり考えもせずに大きな利益を上げることができていたんです。しかしピラミッドなら大丈夫です。きっとうまくいくはずです」

チャオはうなずいた。「何かを決断するときは、事前に十分掘り下げて考えてみなさい。どうすればいいか顧客に訊くことを忘れずに。何を買うのか、いくらなら払うのか、それを決めるのは顧客のほうなのだから」

「わかりました」スティーブはすぐにもここを出て仕事に戻りたいという様子で立ち上がった。

「そうだ、何か読んでおく本はありますか？」

チャオはいぶかしげにスティーブを見やった。本当は不意打ちを食らったというのが実情だ。宿題の本を準備するのをすっかり忘れていたのだ。休暇で一週抜けることを思えば、何か読み応えのある本を与えなければならない。

しばらく考えて、チャオは気を取り直した。

「もう一度『ロープライスエブリデイ』を読むこと。今回は最初から終わりまでだ。そして最初に読んだときに見落としていた重要なポイントがあればリストアップしてきなさい」

スティーブはうなずいた。「二週間後の同じ時間でよろしいですね？」

「いや、次回はランチの後、午後二時からにしよう。では、よい年を」

「よい年でありますように」

スティーブは帰っていった。チャオは安堵のため息をついた。いやはや、危ないところだった。心の中でそうつぶやくと笑い出した。スティーブが気づいていたらどうなったことやら。気づかれなくてよかった。彼にとっても、私にとっても。

11

未来を計画できる立場をつかめ——デファクト・スタンダード利益モデル

一月四日。チャオのオフィスに入ると、窓の外を大きなフレーク状の雪がふわふわ舞い落ちてゆくのが見えた。この冬初めての雪だった。

ドアの横のコートラックに濡れたジャケットをかけ、いつもの椅子にドサッと座り込むと、スティーブは肘掛をせわしなく指で叩きながら宙の一点を見つめていた。

「どうかしたのかい?」チャオが訊ねた。

「昨日のネットコムの発表をお聞きになりましたか?」

ネットコムは急成長を遂げてきた通信機器会社のひとつで、デルモアの通信機器部門であるデルコムの新たなライバルだった。

「いや。マドリッドから戻ったばかりだからね。何があったんだね?」

「あそこが電気通信分野のスイッチボードに乗り出したんです。主だったところはどこもサプライヤー契約を結びました。デルモアまで契約したんですよ!」スティーブは皮肉な笑い声を発した。

「それだけかね? まるで泥棒にでも入られたような口ぶりだね」

「それだけかですって？」スティーブはおうむ返しに訊ねた。「それだけで十分ですよ。フランクと僕にはあのモデルがうまくいくことがわかっていました。あのとき――僕たちが提案した時点でデルモアが着手していたら、ネットコムをギャフンと言わせてやれたんです。でももう手遅れです。いまさらどうしようって言うんですか？　僕には到底納得いきません」

チャオは困ったように首を振った。「落ち着きなさい、スティーブ。いま言えるのは、まず、ネットコムのプロジェクトがうまくいくかどうかはいまのところ未知数だということ。そして二つ目は、仮にうまくいったとしても、必ずしも今後デルモアが同じビジネスに参入するチャンスが閉ざされたわけではないということだ」

「しかし、それまでに――」スティーブは口を挟もうとしたが、チャオは無視して話を続けた。

「三つ目は――」と彼は両手を広げた。「だからどうだと言うんだ。スイッチボードを展開できる事業は他にいくらでもあるじゃないか。大事なのは、君にとってもデルモアにとっても、逃したチャンスから学ぼうとする姿勢だよ」

スティーブは少し落ち着いたように見えた。「おっしゃる通りです。でも、自分がアイディアを持っていたのに実現できなかったというのは、本当に残念でたまりません」

チャオはひとりでクスクスと笑った。「この程度のことで取り乱さぬよう、十分心の準備をしておきなさい。私が君に言えるのはそのくらいだ」

スティーブは笑わなかった。「たしかに僕は動揺を抑えられない人間です。でも、ノーマルな反応ではないでしょうか？　それが原動力になることもあります」

「もちろんだとも。だが、私は君よりも太陽の周りを回った回数が多い。気苦労がなくなったとは言わないが、失敗を必要以上に自分の問題として受け止めなくてよいことは学んできた。さもないと、苛立ちや怒りに多くのエネルギーを使ってしまい、さらに失敗を重ねることになる。そうならないために、君には前を見て進むようこころがけてほしい」

スティーブはため息をついた。「わかりました。新しい年を迎えたんですから、新しい機会を求めるようにします。さて、今日はどんなことを教えていただけるんでしょう？」

チャオはさっそく授業にとりかかった。「君はミニ・コンピュータ業界について知っているかね？」

「詳しくはありませんが」

「全盛期のミニ・コンピュータ業界はインストール・ベース利益モデルの典型的な例、いや、究極の例だったと言えるだろう。顧客はメーカーが独自に開発したシステムにロックインされ、長年にわたって高い料金を払い続けた。だが、その成功はすなわちその終焉をも意味した。というのも、顧客たちの非常に強い反発を招いたからだ」

「価格が高すぎるということですね？」

「いや、違う。誰でもそう考えると思うが、実際にはそれは表面的な原因にすぎない。本当の原因は互換性の欠如から生じるコストが高すぎたことだ」

「価格的な面は本質的な問題ではなかったとおっしゃったのでは？」

「金銭的な意味での直接コストだけなら大したことはなかった。問題はむしろ時間や労力、イライラといった形で表れるさまざまなコストだ。これらが非常に深刻な影響を与えるんだ」

「わかります」

「そして、こうした状況の中から登場したのがスタンダードの開発というビジネスチャンスだった。これが今日取り上げる〈デファクト・スタンダード利益モデル〉だ」

「デファクト・スタンダードを構築することで驚異的な収益性が確保できるというわけですね」

「それは少し短絡的だな」

「と言いますと？」

「スタンダードさえ作れば収益性がもたらされるだろうか？」

スティーブはしばらく考えた。チャオの質問に即答は禁物ということを学んだからだ。集中して物事を考えることが苦痛だった彼も、じっくり考えることにようやく慣れてきたようだ。

チャオは畳みかけた。「マイクロソフトはどうだね？　あの会社がどこで儲けを稼ぎ出しているか考えてみなさい」

「グレードアップです」

「そう、それもひとつだ」

「それとアプリケーション」

「うん。それから？」

スティーブは答えに窮した。チャオがもっと説得力のある答えを求めているのはわかっていたが、それが何なのか彼には思い当たらなかった。「おそらく、何か数量化できない要因があるに違いありません」追い詰められて口走ったものの、我ながらくだらないことを言っていると思った。

ところが、チャオの眉毛が驚いたように動いた。「考える方向としては間違っていないな」

スティーブは素早く可能性のありそうな答えを整理しながら、コカ・コーラの会長兼CEOだった故ロベルト・ゴイズエタの大好きな言葉を思い出していた。「物事は汗をかくぐらい、とことん考え抜け」いまのスティーブはこの言葉の意味を痛感していた。

マイクロソフトがウィンドウズ3.0、95、97、98、NTへと至る世界でどういうポジションを築いたか、オラクルがオラクル5.0、6.0、7.0、7.1、7.2、7.3へと至る世界で何をしたか、スティーブはあれこれ考えてみた。

そして、考えているうちに思いもよらなかった答えに到達した。「――計画可能性《プランナビリティ》ではないでしょうか？」

チャオは言葉を挟まず、真剣な面持ちで聞き入っていた。

「ビジネスにおいては、予期せぬ出来事にはコストがかかります。予期せぬ出来事が起こると、それに反応し、対策を講じ、緊急の行動を取らなくてはなりません。ところがデファクト・スタンダードを押さえた会社は、現状の一歩先を計画し、次の流れを作ることができます。彼らのビジネスプランが業界をリードしているからです」

チャオは笑みを浮かべそうになって思いとどまった。内心ではこれ以上追い立てたくないと感じていたが、いまはまだそれが必要だった。

「それで？」とチャオは訊ねた。

スティーブはびっくりした。まだ先があるというのだろうか？　しかし、動揺することに慣れてきたスティーブは、ただちに思考モードにギアを入れ、マイクロソフトとオラクルのシミュレーションに立ち帰って他の要因を考え始めた。

一〇分以上が経過した。

チャオはピクリともせず、ひたすら隣にあるウォールストリート六〇番地のビルのガラス壁を見つめていた。

ようやくスティーブが口を開いた。「放っておいても顧客がマーケティングをしてくれるので、マーケティング・コストが削減できます」

チャオがゆっくりとスティーブのほうを向き、ニッコリ笑った。「たとえば？」

「えーと、先週、大手の会計事務所が全面的にロータス製品からマイクロソフト製品に乗り換えたという記事が新聞に載っていました。マイクロソフト製品をスタンダードにしているクライアント企業からの要請とプレッシャーが高まったためです」

「では、どの程度のコスト削減になりそうかな？」

スティーブはもう少しで「かなり」と答えそうになったが、きちんとした数字で示そうと思い直した。売上に対する販売およびマーケティング・コストの割合がどうなるか想像し、ようやく答えをはじき出した。「削減可能な販売およびマーケティング・コストは、顧客がマーケティングを肩代わりしてもたらしてくれた売上のうちの二〇％から三〇％です」

「総売上のうち、顧客がマーケティングを肩代わりしてくれそうな部分の割合は？」

「おそらく四分の一から五分の一」

「となると全体では何％ぐらい削減できるのかね？」

「総売上の四分の一から五分の一に対して、その二〇％から三〇％削減できるとすれば、下は四％、上は約七・五％の幅で削減されることになります」

「ずいぶん大きな数字だな」

「スタンダードであり続ける限り莫大な利益が発生します」

「最も寿命の長いスタンダードは何かね？」

「ＩＢＭのメインフレーム・コンピュータでしょうか？」

「期間は？」

スティーブは思い出そうとした。「確かなことは言えませんが、二五年か三〇年ぐらいでは」

正確な数字はチャオが知っていた。「一九六四年にＩＢＭ３６０が発表されてからいまに至るまで、すでに三五年以上になる」

「驚くべき長さですね」

「この先、この種のスタンダードが登場することはまずないだろう。いまは次から次へと新しいものに飛び移っていかなければならない時代だからね」

チャオはとても気分がよかった。というのも、授業全体のまだ半分も消化していない時点で、思いのほか成果が現れてきたからだ。「よし、今週は宿題はなしだ。何も出さない」

「読んでおく本は？」

「本もなしだ。――いや、ちょっと待てよ」チャオは急に次週のテーマを思い出した。

「そうそう、面白い本がある」チャオは棚から本を二冊引っ張り出した。書名は『ある広告人の告白（*Confessions of an Advertising Man*）』（邦訳、ダヴィッド社）と『「売る」広告（*Ogilvy on Advertising*）』（邦訳、誠文堂新光社）、著者は二冊とも広告業界の巨人デビッド・オグルビーだった。

「オグルビーのブック・フェアですね」

「まあ、そんなところだ。私の課題図書の中では最も読みやすい部類に入る。内容がシンプルなうえに面白い、そこが大切なところなんだ。君にもこの広告界の巨人の意気込みが伝わるだろう。刺激を受けるに違いない。利益モデルのことは忘れて楽しく読みなさい。広告の世界をよく観察して、彼らが何をしようとしているのか、実際に何をしているのか、考えてみなさい。今度の授業でいろいろ話そうじゃないか」とチャオは言った。

「もう一冊ある」チャオはさらに本棚からページの隅をいくつも折り込んだペーパーバックを取り出した。「エズラ・パウンドの書いた『詩学入門（*ABC of Reading*）』（邦訳、冨山房百科文庫）だ。この第一章を読んでみなさい。オグルビーとパウンド、この二人は私にとって親友と言ってもいいほどだ。君も好きになってくれるといいんだが」

スティーブは本をバックパックに詰め、帰途についた。

それから三日後の火曜日、夜八時を少し回った頃、スティーブの家の電話がけたたましく鳴った。

スティーブは受話器を取りたくなかった。彼にとって電話は連絡手段というより、土足で踏み込んでくる邪魔者、不愉快な機械以外の何者でもなかった。

呼び出し音が執拗に鳴り続け、ようやく留守電に切り替わった。そのとき、チャオの声が聞こえてきた。チャオが電話してくることなど、いままで一度もなかった。スティーブはびっくりして受話器をつかんだ。

「すみません。別の部屋にいたもので」

「またレスリングでも見ていたのかな?」チャオが冗談を言った。

「いいえ、例の建築資材事業の戦略を検討していたものですから」

チャオは真面目な声で言った。「それは申し訳なかったね。いや、実は君に謝らなければならない。先週の土曜日に大きなミスをしてしまって。とても大切な宿題を言い忘れてしまったんだ」

「ご心配なく。どんな宿題ですか?」

「広告の世界の話を楽しみながら例の本を読むように言ったことは憶えてるね?」

「ええ」

「それに加えて、二つのまったく同一の製品またはサービスが、ブランド力が違うためにまったく異なる価格で提供されている例を三つ以上考えてきてほしいのだが」

「もちろんかまいません。大丈夫です」本当はそれどころではなかったのだが、二つ返事で承知せざるを得ない雰囲気だった。

「安心したよ。ではまた土曜日に会おう」

「はい。おやすみなさい」スティーブは受話器を置いた。

「なんてこった。いったいどうやってこなすつもりなんだ！」彼は今週片付けなければならないことを考えているうちに、次第にパニックに陥ってきた。

「参ったなぁ。どうしたらいいんだ」頭の中を駆け巡っていたのは困惑だけだった。今日が火曜日、明日と明後日は二日とも四時までミーティング。明日の晩はキャシーや同僚何人かとディナー・ミーティングの予定が入っており、金曜の夜はスージーの姉の婚約パーティに出席することになっていた。とても宿題をやっている暇などなかった。

スティーブは頭の中でさっそく収拾策を練り始めた。ともかく、いますぐにでもどうにかしなければ――。

12

人間の心に潜む非合理性——ブランド利益モデル

一月一一日。スティーブは真っ赤に充血した目で現れた。

「夜更かししたのかな？」チャオが訊ねた。

「三時半まで起きていました」

チャオは内心微笑ましく思ったが、表情にはいっさい出さなかった。

「エズラ・パウンドは読んできたかね？」

スティーブはため息をついた。今朝までその本のことをすっかり忘れていたのだ。なかば無意識のうちにそうしようとしていたのは確かだった。忘れていたことに気づいた彼は、朝のコーヒーを飲みながら三〇分ほどで『詩学入門』の第一章を読んでしまおうと頑張ってみたものの、まったく歯が立たなかった。

そこには、中国の表意文字、ストラヴィンスキー、プラド美術館の絵画への洞察、さらにはパウンド自身が明らかに嫌っているらしい、名前も聞いたことがない人々に対する当てこすりのような記述が入り混じっていた。

はたしてチャオに何と言えばいいのか、スティーブは困っていた。「読もうとしました。本当に努力したんですが、正直言って著者が何を言おうとしているのか、まったくわかりませんでした」

チャオは驚いた様子も見せず、うなずきながら考え込んでいた。「君が理解するとは思っていなかったよ」チャオは自分に言い聞かせるようにそう言うと、スティーブのほうへ向き直った。「だが、君が思うほど難しい内容じゃない。テーマが詩と聞いただけで、パウンドなどお門違いだと思い込んでいるんじゃないかな? だとすればそれは間違いだ」

スティーブは反論しようとした。「ですが、パウンドの言っていることがわからないんです。出てくる人名も半分ぐらいしか知りませんし——」

「そうだろうが——」チャオはスティーブの弁解を軽くいなした。「しかし、パウンドの言わんとすることは明快だよ。君にもアガシと魚の話ぐらいはわかっただろう?」

スティーブは少し赤くなった。まったく心当たりがなかったからだ。アガシと魚? そんな話、どこに書いてあったんだろう?

「まあいい」チャオはなだめるように言った。仕方ない、この辺で許してやろう、という感じだった。「いま読んでみなさい。第一章からだ」

スティーブはバックパックから本を取り出し、さっそく開いて読み始めた。

次のようなアガシと魚の逸話を理解できてはじめて、近代的な思考法が身についたと言える。卒業に必要な単位も優等学位も取得したある大学院生が、最終的なお墨付きをもらうためにアガシのもとを訪れた。偉大な師は課題として学生に小さな魚を見せ、その魚について詳しく説明せよと求めた。

大学院生「どこにでもいるような魚ですね」

アガシ「そんなことはわかっている。これを文章で説明してみなさい」

数分後、学生はヘリイクテリンクス科イクトゥス・ヘリオディプロドクス（原文ママ）といったような、通俗的な認識とは一線を画す、魚類図鑑に出てくるような学術用語を並べたてた文章を書いてきた。

だが、アガシはもう一度魚を言葉で描写するよう命じた。

今度は四ページにわたるレポートを提出してきた学生に、アガシは魚をもっとよく観察するように申し渡した。そして三週間が過ぎた。くだんの魚はかなり腐りかけてきたが、その頃になって学生は何かをつかんだのである。

スティーブは本から目を上げた。「アガシって何者なんですか？」

「誰だと思うかね？」

「魚の専門家？」スティーブは茶化すような口調で言った。

「たしかに。それ以上だがね。彼は一九世紀アメリカの卓越した生物学者だった。ダーウィンとほとんど同じ時代を生きた人物だ。だが、それはどうでもいい。この話のポイントは何だと思うかね？」

スティーブは考えてみた。「物事を観察することの大切さ、教科書で読んだことの枠を超え、実物を間近で、なんのフィルターも通さず、じかに学ぶことの大切さではないでしょうか。この話の中で、生徒は自然科学の用語を引用することによってではなく、実際に魚を観察することで、魚について有意義なことを学びとりました。物事を間接的に知ることと直接的に知ることの違いが示されています」

チャオはスティーブの胸元を人差し指で指した。「まさにその通り！　ではこの教訓をビジネスの利益に当てはめるとしたら？」

「利益を上げている会社を調べ、そのビジネスモデルを理解したうえで、そのモデルをどこに適用できるかを考える。そこから利益発生の仕組みを学ぶということだと思います」

「この話の生徒が魚を調べた方法を当てはめるとしたら、君ならどんなふうにビジネスを観察するかね？」

「損益計算書を調べるとか、年次報告書を読むとか？」

チャオは首を振って否定した。「いや、そうじゃない。そうしたことにも意味がないとは言わないが、それはあの話の中の生徒が丸写ししてきた教科書のようなものだ。ビジネスについて知りたいなら、生物学者が生きた標本を調べるように、ビジネスをじかに観察しなければならない。店や工場やオフィスを訪ね、製品を試し、サービスを確かめ、ウェブサイトをくまなく見て歩かなければならない。

そして、一番重要なのは顧客と話すことだ。顧客になりきるつもりでね。顧客とともに時間を過ごし、彼らが何をするか、彼らにとって何が役立ち何が役立たないのか、どんなことで苛立つのか、何が彼らの生活を快適にし、生産的にし、愉快にすることができるのか。それを観察することによって、顧客のニーズや欲求や問題を知ることができる。フォーカス・グループに関する調査結果を読むのもいい。だが、実際の生きた顧客に会い、一時間でも話をしたほうが、五〇の調査結果やアナリストのレポートを読むより、どれだけ多くのことを学べることか」

「よくわかります。パウンドは科学的精神をもって対象にアプローチすることで物事を学べと言っています。これこそ、あなたがビジネスについておっしゃっていることなんですね」

チャオはほっとしたように見えた。「そうだ。それが大きな部分を占めている。すべてとは言わないがね」

「僕たちがいま建築資材事業でやっていることと似ています」

「と言うと？」チャオは知りたがった。

「何十人もの顧客や上位五〇位までのディーラーたちに徹底的な聞き取り調査をして、彼らが本当に求めているものは何か、フィルターや窓や断熱材といった、うちが扱っている製品にいくらなら出す気になるのかを明確にしようとしているところなんです」

「成果はあったかね？」

「もちろんです。目からウロコが落ちるようなことばかりです。真実だと思い込んでいたことの半分は、ただの憶測だったと思い知らされました。なのに、いままで誰一人それをチェックしようとしなかったんです」

「その手のことはビジネスの世界にはいくらでも転がっている。君は、まさにエズラ・パウンドが言ってることを実践しているわけだ」

スティーブは笑って言った。「なにはともあれ、パウンドの著作の一ページだけはどうにか理解できたということですかね」

チャオも笑った。「そこが出発点だよ。ところで、宿題のほうはどうなった？　同じ製品やサービスが、ブランド力の違いで異なる価格で提供されている例――つまり純粋な〈ブランド利益モデル〉の例を考えてきたかな？」

「三つしか考えつきませんでした。そのうえ、ひとつはまだ確信が持てません」

「言ってごらん」

「一つ目は一九九四年のエコノミスト誌から探してきた、実においしい話です。カリフォルニア州フリーモントにあるトヨタとGMの合弁会社、ニュー・ユナイテッド・モーター・マニュファクチュアリング社（NUMMI）のケースです。同じ工場、同じ労働者、同じプロセスで二つの名前を持っています。トヨタのネームプレートを付けた乗用車はGMのものより一台当たり三〇〇ドル高い値段で売れます」

「いい例だ。他にはどんな例を見つけたかね？」

「えーと、次のは記事から探したものではないんですが」

「出典など誰も気にしないよ」

「はい。先週ガールフレンドと一緒にボストンの友人を訪ねたときのことです。水曜日の朝、ケンブリッジとウォータータウンの境にあるスター・マーケットに行きました。そこに二台の自販機が並んでいて、一台はプレジデンツ・チョイス・コーラを七五セントで、もう一台はコカ・コーラを一ドルで売ってました」

「実に比較しやすい売り方だね」

「ええ、そうなんです」

「だが、二つはまったく同じ製品とは言えないよ。配合も成分も味も違うはずだからね。他には?」

「これはまだ自信を持つには至っていない例なんですが――」

「どんなものかな?」

「ウォールストリート・ジャーナル紙に、テキサス州に住む男性が自分のウェブサイトで映画界のゴシップや内幕を暴露したためハリウッドが怒っている、という記事が出ていました」

「それで?」

「その中のある話が目に留まったんです。ある大手映画会社が、公開間近のアニメ映画の試写会を行なったそうです。試写会は二回、別々の客を対象に行なわれました。一回はその映画会社の自社作品だと紹介され、その会社のロゴが入れられていました。もう一回はディズニーのロゴを入れたフィルムが上映されたそうです。映画自体はまったく同じものでしたが、観客の受けは後者のほうがよかったというのです。ウェブサイトで暴露された時点で映画会社側は否定したそうですが、真偽のほどはわかりません」

チャオは笑いながら言った。「人間の心理はさまざまな形で現れるものだね」彼は顎を撫でなががらもの思いに耽った。「もう他に例はないかな?」

スティーブが表情を曇らせたのを見てチャオが言った。

「落胆は進歩の最大の敵だよ。まず、フォルダーを作って『ブランド利益モデル』というラベルを付け、いま話してくれた例を入れ、他の例を探しなさい。一年後にいくつ探し当てたか私に連絡すること。ただし、私が求めているのは明白な事実と数字だ。さっきのアニメ映画のような憶測はダメだ。それはそれでまた別のファイルにするならかまわないがね」

「わかりました」

「例をひとつ進呈しよう。時は一九九四年、生き馬の目を抜くような熾烈なパソコン業界の話だ。かなり信頼のおける調査結果によると、パソコンという『箱』を売る業界で、コンパックは他のPCメーカーとまったく同じ性能の製品に二〇〇ドルの価格プレミアムをつけたそうだ。二〇〇ドルだよ。

もうひとつ例を挙げよう。『プロフィット・ゾーン経営戦略』の第六章にニコラス・ハイエクの話が載っている。彼はブランド効果を測定するために、まったく同一の腕時計を実験的に三つの市場で試した。違うのは裏のプレートだけで、それぞれ『メイド・イン・スイス』『メイド・イン・USA』『メイド・イン・ジャパン』とした。値段は順に一〇七ドル、一〇〇ドル、九三ドル。しかし、顧客は一四ドル高くてもスイス製を選ぶことが複数の市場で実証された。九三ドルに対する一四ドル。つまり一五%のプレミアムだ」

「信じがたい気がしますね」

「そうかね?」

「なぜそんなことが起きるんでしょう?」

「そうだな、これはビジネスの大きな謎のひとつと言えるだろう。きわめて合理的な世界で起きる不合理の最たるものかもしれない。私はごく一部までは解明できた。完全とはいかないが」

「ぜひ教えてください」

「ヒントはデビッド・オグルビーが示した単純なグラフだった。あれが最初の手がかりだったんだ。おぼろげな記憶で話しているから、あまり正確ではないが要点はつかめるだろう。オグルビーは、景気後退期に広告費を手控えた企業と、それまでと同じ広告費を投じ続けた企業を比べ、売上と利益にどんな影響があったかを調べたんだ。すると、景気後退期にも広告費を絞らなかった企業は手控えた企業に比べて、景気回復後の売上増も利益増も早かったことがわかった。なぜこういう結果になると思う?」

スティーブはよく考えてみた。「累積的な影響でしょうか?」

「その通りだ。実に簡単なことだと思わないか?」

「つまり、ブランド利益はある意味で積み上げた時間の賜物ということになりますね」

「そう。正確には、効果的な宣伝活動に投じられた資金の累積額だ。だが、積み上げた時間という言い方も非常に近い。

これはどんな分野の製品にも通じる普遍的な真実と言えるだろう。たとえば、血圧降下剤ベータブロッカーの市場がよい例だ。ベータブロッカーは、大々的に宣伝されプロモーションされた製品

ベータブロッカーの市場シェア

だ。この分野は一九七六年に『インデラル』というブランドが登場して以来、一九八五年までに六ブランドが市場参入した。各ブランドのシェアを図に表すとこうなる」チャオはリーガルパッドの新しいページに棒グラフを描いた。

「私は各ブランドの累積宣伝費を計算してみたが、その比率は市場シェアと同じだった」

「宣伝費と市場シェア、どちらが原因でどちらが結果なのでしょう？」

「そこが問題だね。広告支出がシェア増に貢献したのか、シェアが広告支出増に貢献したのか」

「ときには後者の場合があることも知られていますが、ふつうは前者のはずです」

「そう。余裕がないと宣伝費は捻出できないからね。そこで私は他の一〇種類の医薬品についても同じ調査を行ない、そのあとで薬以外の製品一〇種も調査してみた。そして、驚くべきことを発見したんだ。差別化されていない製品同士の場合、累積投資がシェアの拡大をもたらすということだ。オグルビーは正しかった。つまり長期的には、一貫した継続的な経費投入が勝利を呼ぶと言えるわけだ」

「例外はありますか?」

「すごいのがある」

「と言いますと?」

「投入された宣伝費の比率から想定される市場シェアより二倍も三倍も大きいシェアを獲得した製品が、少なくとも一〇以上はある」

「いわばルール違反ですね」

「いや、ルールが強化されたんだ」

「えっ?」スティーブは混乱していた。

「どんな例外にも、例外たり得る明確な理由がある。彼らはマーケティング費をより効果的に使う方法を見つけたのさ。他社より優れたメッセージを発したとか、製品に並はずれた利点があったとか、よりよい販売チャネルを押さえたとか、シェア・デターミニング・セグメントに上手に働きかけたとか、あれやこれや確実にシェアが増える理由があったんだ」

　スティーブは急いでメモをとった。「シェア・デターミニング・セグメントというのは?」

「市場シェアを決定《デターミン》するほどの影響を持つ重要なセグメントのことだ。そこで大きなシェアを獲得できれば、それがそのまま市場全体での大きなシェアへとつながるセグメントだよ」

「例を挙げると?」

「格好の例が医薬品部門での専門家セグメントだ。たとえば、心臓科医は自分でも心臓薬をたくさん処方するが、同時に一般開業医がどの薬を処方するかにも影響を与える。もうひとつはタバコ産業における一八歳から二五歳までの層だ。歓迎される例ではないが、それが現実だ。君が格闘中の建築資材分野にも典型的な例があるが――」

スティーブは即答した。「ええ、建築家ですね。素材やデザイン様式に対する彼らの選択や趣向は、まず建築業者に伝わり、やがて修理や改造のＤＩＹの市場にまで行き渡るわけですね」

「その通りだ。そのような商品分野では平均的な顧客に五ドルの宣伝費を使うより、シェア・デターミニング・セグメントに一ドル使うほうが効き目がある」

「ブランドを確立する効率的な方法ですね」

「非常に効率的だ」

「ブランド確立に最も成功したのはどこでしょう？　価格プレミアムが最も高く、最も効率的にブランドを確立したのはどこか、という意味ですが」

「いい質問だが、自分で言えるだろう？」

「いえ、わかりません」

「いくつか候補は挙げられると思うが？」

「考える時間をいただけますか」

「もちろん。ただし、候補はいまここで挙げてみなさい」

スティーブは頭をかきながら挙げ始めた。「コカ・コーラ、マルボロ、バドワイザー、スウォッチ、マクドナルド、ナイキ」

「いい線だ。さっそく検討してみなさい」

「大変な作業ですね」

「一二カ月後に成果を聞かせてもらおう。いま挙げた製品を君のブランド・プレミアムのリストに加えれば、より完璧な理解に近づくだろう。十分な準備期間をとりなさい。好奇心を持って、時間をかけて準備すれば、どんな単純作業でも楽しくやりがいのあるパズルに変わる。そうして解けたパズルは、無理やりやった単純作業より遥かによく頭に入るし、長く実際の役に立ってくれるものだ」

スティーブはほっとして言った。「一年あればなんとかなると思います」

「いや、いずれわかるだろうが、こういった有意義なことを理解するには、一年でも短すぎると感じるはずだ」

「はい、肝に銘じておきます」

チャオはニヤッと笑いながら言った。「素直だね。私ならそう言われたら自分で確認しますと答えるだろうね」

13

ニッチな市場を深く掘れ——専門品利益モデル

一月一八日。スティーブがオフィスに入ると、チャオは黙って自分の黄色いリーガルパッドを見つめていた。騒がしいニューヨークの中で、唯一音のないオアシスのような静けさがオフィスを支配していた。

ようやくチャオが顔を上げた。スティーブに向かって軽くうなずくと、前置きはいっさいなしで本題に入った。「今日話をする〈専門品利益モデル〉について初めて学んだのは、一九七八年、ノース・カロライナ州の染料会社で仕事をしたときのことだ。この会社は過去に莫大な利益を上げていた。

しかし、七〇年代後半に入って収益性に対する自信が遠のいていった。同時に製品の方向性に大きな迷いが生じた。なんとかしてくれと私に声がかかったのはその頃だ。

彼らの困惑は理解できた。私自身も途方に暮れたからだ。二カ月かけて膨大な量のデータを丁寧に調べても、利益パターンを見つけることはできなかった。針が干し草の山のどこかに隠れているとわかっていても、見つかりそうになるとするりと逃げていくような感じだった。

ある土曜日の午後、染料産業の歴史に関する本を読んでいたとき、私は素晴らしい図に出くわした。それは、登場した染料の新製品の数を示した単純な棒グラフだった。グラフは一九世紀後半から始まっており、染料の新製品の数は二〇世紀初頭に飛躍的に増え、その後は急激に落ち込んでいた。グラフは五〇年代で終わっていたが、その頃の新製品の数は片手で数えられる程度まで減少していた。

私はその会社の最新製品が稼ぎ出した額を思い起こした。最新製品の利益率は六〇%だったが、全製品トータルの利益率は二五%でしかなかった。ピンときた私は、さっそく他の資料にも目を通した。すると二時間もしないうちに、それまでの悩みが晴れていった。かなり単純化したことは確かだが、混乱した大量のデータの中に埋もれた本質を見抜くにはそのくらいがちょうどいい。

本質とは、こういうことだ。すなわち、染料ビジネスは医薬品と同じような専門品ビジネスで、特許を持つユニークな製品がたくさん集まって利益を生み出している。だから、新たな発明が相次いでいるあいだはビジネスが成り立つ。どの製品開発プロジェクトからも、とりあえず利益は生じるが、その中でも有意義なプロジェクトを見きわめることがビジネス継続の鍵となる。

そして膨大な製品データを検討するうち、一〇年前は、その会社の売上の八〇%以上が特許を持つユニークで利益の大きい専門品から上がっており、コモディティ製品（汎用品）の売上は二〇%以下だったことがわかった。ところが、その一〇年後である当時の比率を計算すると、専門品が二〇%以下だった。私はその週のうちにCEOにこんなグラフを見せて、この問題について三時間ほど話し合った」と言ってチャオは紙の上を滑るようにペンを動かし、できあがった図をスティーブ

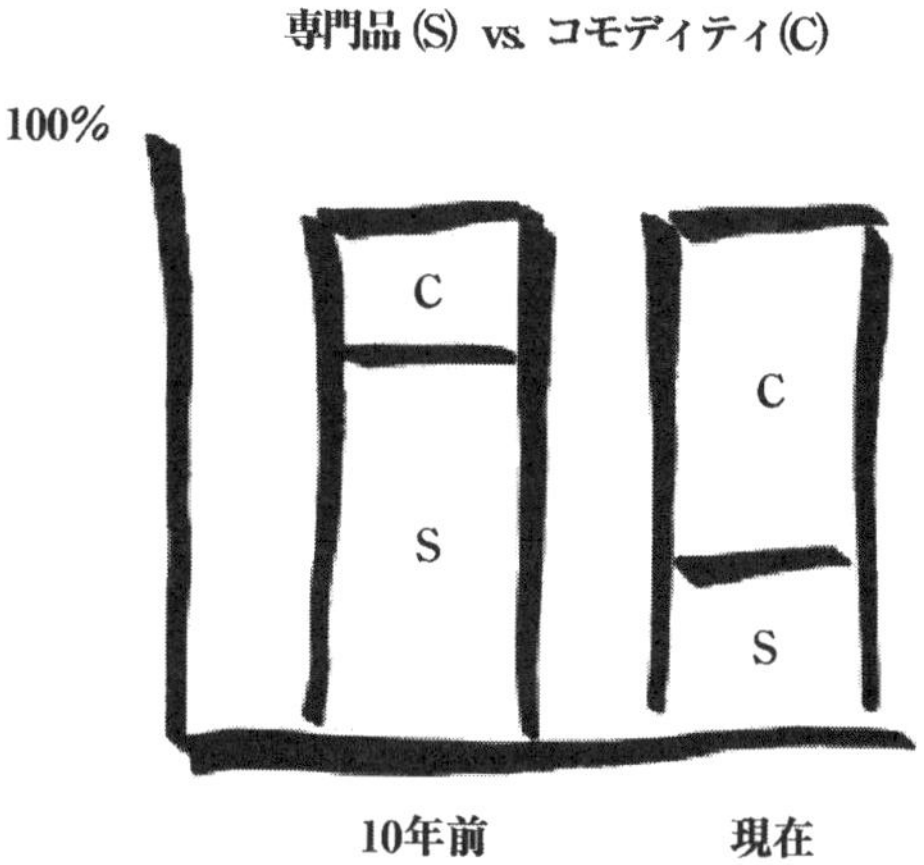

に見せた。

「話し合いのポイントは何だったんですか？」

「この会社の利益モデルを専門品利益モデルからコストや景気循環を意識したモデルへ移行することだ。このときの話し合いは、CEOにとっても私にとってもけっして楽なものではなかった」

「なぜですか？」

「私の分析は、まだCEOになって日が浅かった彼に、会社のカルチャーを一八〇度転換するよう求めるものだったからだ。つまり、専門性の高い製品が黙っていても潤沢な利益をもたらしてくれる環境の下でつちかわれた思考様式から『染料はコモディティであり、利益率は一桁、費用曲線の二歩先を行かなければ、未来がないどころか業界史の一部に埋もれてしまう』という思考様式へ転換しなければならなかった」

「あなたにとって容易でなかった理由は？」

「私の場合は、専門品利益モデルという、小さいけれど非常に優れた利益モデルを発見したと思っていたからだ。しかし残念なことに、あの会社からはそれ以上学べることはなかった。あの会社の専門品時代は終わっていたんだ」

「それが意味するところは……」

「何だと思うかね？」

「新しい利益モデルを見つけなければならない、ということですね？」

「そうだ、それでいい。どんなビジネスでも、少なくとも一世代か二世代にわたって存続させたいと思うなら、周期的にある種の変化が必要になるものだ。

しかし、ここでは専門品利益モデルに話を戻そう。さっきも触れたように、私はこのモデルを学ぶ最初の機会を逃してしまったが、何年か前、もう一度チャンスが訪れたんだ」

「今度はどこですか？」

「ニュージャージーにある特殊化学製品会社だった。ここはテクノロジーを専門とする会社だったが、染料会社のような新テクノロジーの枯渇という状況には至っていなかった。あの染料会社が埋蔵量が底をつきかけたテキサスの油田だったとすれば、ここはまだ二、三〇年分の埋蔵量が残っているアラスカ油田だった。将来的にも専門品利益モデルが機能する可能性があった」

「専門品の割合はどのくらいでしたか？」

「私がかかわった時点では売上の七〇％が専門品だったが、その割合は急速に落ち込んでいた。専門品を開発するためのマネジメントが行なわれていなかったからだ。そのままでいくと、特許の期限満了と新たな代替製品の市場参入によって、三年以内に五五％ぐらいまで落ち込むと予想された。

研究開発プロジェクト全体の抜本的な見直しのために私を招聘したのは、研究開発部門のトップ、アン・リネンだった。一一月の冷え込んだ暗い金曜日、初めて会社を訪れたときのことはいまでも忘れられない。外は肌を刺すような寒さで、建物の中も薄暗くて凍えそうな、本当に気の滅入る日だった。その日、私たちは六二のプロジェクトを一件一件見て回った。午前八時に始めて、見終わったのは午後六時半だった。社員たちは準備ができておらず、顧客や技術的な可能性に関する重要な質問にも、ろくな答えは返ってこなかった。

最後にアンに感想を訊かれ、私はこう答えた。『これじゃあ、箸にも棒にもかからない。最悪だよ。ここの連中はこの五年間、いったい何をしてきたんだ?』とね。

アンはこわばった表情で聞いていた。私の感触が正しいことはわかっていたんだ。彼女はこの年、新しいポストに就任したばかりで、刻一刻とプレッシャーが押し寄せてくるのを身にしみて感じていたのさ。

それから四週間、私たちは何日もかけてダメージの程度を査定した。そして、研究開発部門が手がける全プロジェクトのポートフォリオ・マネジメントを行なうには、もっと徹底した準備をしたうえでさらにミーティングを重ねる必要があるという結論に到達した。

私たちはまず、数あるプロジェクトの両極端、つまり、最も価値のあるプロジェクトと最も価値のないプロジェクトを検討することにした。すると、価値のあるプロジェクトには計画性が欠けていることがわかり、価値のないプロジェクトは長年にわたってコストを垂れ流していることがわかった。

私たちは両極端のプロジェクト・リーダーに聞き取り調査をするためのメモを書き送った。アンは細部に至るさまざまな質問事項を準備し、丸一カ月、問題プロジェクトに専念することにした。二カ月後、彼女は一〇件を越えるプロジェクトを中止し、その分の資源を上位一〇件に振り分けることにした。これはその後も継続されたプロジェクト清算作業の皮切りにすぎなかった。上位一〇件のプロジェクト・リーダーは、より多くの資源とトップ・マネジメントの関心を集めるようになった。アンが上位一〇件の状況を六〇日以内にさらに詳細に検討するという明確な方針を打ち出すと、状況は急速に好転した。社員たちに緊張感が生まれたからだ。

この時点でも、検討を要するプロジェクトはまだ四〇件残っていた。ある程度価値はあると見なされても、その真価を計るシステムが確立されていなかった。

そこで私たちは、それから二カ月のうちに、研究開発のシステムを統合し、毎月の研究開発ポートフォリオ検討会議を再開した。すべてのプロジェクトに対して毎月同じ厳しい質問を投げかけた。すると、現場の心構えが飛躍的に向上し、データに基づいたより正確で現実的な答えが戻ってくるようになった。

最初の画期的なブレークスルーが訪れたのは三月、あるプロジェクト・リーダーがポートフォリオ検討チームに対して自分のプロジェクトの打ち切りを進言するプレゼンテーションを行なったときだった。このプロジェクトの中止で年間三〇〇万ドルの経費が凍結された。

アンの対応は素晴らしかった。彼女はそのリーダーを昇進させ、リード・プロジェクトの一端を担う重要な部署に転属させた。これを機に自主的な動きが広がり、続く二カ月で、さらに一〇件のプロジェクトが打ち切られた。これでプロジェクト総数は四〇件となった。

しかしながら、リード・プロジェクトが生み出すであろう価値も十分ではなかったし、向こう三年間で成果を上げられそうなプロジェクトの数も十分とはいえなかった。そこで私たちは他社に働きかけてライセンスやプロジェクトのスワッピング（交換）、共同開発などを行なうことにした。そして四カ月のうちに、他社にやってもらうほうが大きな価値につながると判断した七件のプロジェクトをスワップし、短期的な成果を見込める四件についてはライセンスを与え、潜在的価値もリスクも大きい三件の主要プロジェクトでは共同開発契約を結んだ。

初めて著しい改善が見られたのは、第一二回目のポートフォリオ検討会議だった。プロジェクト総数は三五件に削減され、その価値は飛躍的に向上し、リスク対策も充実し、スケジュールも明確になり、一〇年といわず三年で成果が現れるメドがついた。売上に対する専門品の比率は、一時的に六〇％まで落ち込むが、いずれ七〇％あるいはそれ以上まで持ち直すと予想された」

チャオはここまで一気に話し終えると、少し疲れたように肩を落とした。当時の白熱した議論や感情の起伏、厳しいプロセスからくる疲労感をいまいちど追体験したかのようだった。実際、その通りだったし、スティーブにもそれがよくわかった。

「ところで、スティーブ」チャオは突然訊ねた。「専門品利益モデルとブロックバスター利益モデルの違いは？」

すっかり油断していたスティーブは、急いでブロックバスター利益モデルのことを思い出した。

「ブロックバスターにはマーク・ジェロンのような徹底したツワモノが必要だと思います」

「というと、アン・リネンでは力不足ということかな？」

スティーブはしばし言葉に詰まった。「彼女も十分タフだと思いますが、マーク・ジェロンのようである必要はないと思います」

チャオは座り直した。「理由は？」

「ビジネスの対象が違うからです」

「どう違うんだね？」

スティーブはまた言葉に詰まった。違いを感じていたが、はっきり言葉で説明することができなかった。しばらくしてチャオが口を挟んだ。

「君の感覚は正しい。専門品というのは、精製化学製品や染料、特殊用紙、専門食品などのことだ。つまり、ニッチ製品ということだ。そこで重要なのは、間違いなく顧客ニーズと製品バリエーションを見つけ、それに取り組むことだ。

一方、ブロックバスターのほうは、医薬品、ハリウッド映画、ベストセラー本、ポピュラー・ミュージックなど、幅広い顧客が相手の製品だ。開発コストが膨大なので、それを回収するために大ヒットが必要なブロックバスターと、需要がマーケティングの影響を受けやすいため、優れた集中的なマーケティング・キャンペーンが必要なブロックバスターの二つがある。両方に当てはまるものもあるがね。ピルと映画は前者、本と音楽は後者だ」

「実際のところ、ピルと映画には両方必要じゃないでしょうか？」スティーブが口を挟んだ。

「その通りだ」とチャオは笑いながら言った。

「今回、何か読んでおく本はありますか？」スティーブが訊ねた。

チャオは現実に引き戻され、眉を寄せて考えていた。

「そろそろ『孫子』を読む時期かな。かねてからの懸案事項だ。サミュエル・B・グリフィスの訳で読みなさい」

「わかりました。ところで――」スティーブは立ち上がりながら付け加えた。「ネットコム社の新しいバイス・プレジデントは誰だと思います？」

どうやらスティーブは、ネットコムがスイッチボード利益モデルに飛びついたことをいまだに根に持っているらしい。チャオは笑いながら言った。「君の友達のフランクだろ」

「そうなんです」スティーブは少し辛そうに言った。「また、ネズミが一匹、沈みかけた船を見捨てたんです」

「いまにも沈むと言わんばかりだね」

「でも、土台に亀裂が入ったらあっという間に崩壊すると警告してくれたのはあなたですよ」

チャオはうなずいた。「たしかにそう言った。だが、土台の亀裂なのか漆喰が欠けただけなのか、いずれこの試練が教えてくれるだろう。デルモアはどちらだろうね？」

スティーブは厳しい表情を崩さなかった。「まだわかりませんが、僕がどう思おうと関係ありません。時が来れば市場がどう見ているかわかるでしょう」

14

点から面への拡大——ローカル・リーダーシップ利益モデル

一月二五日。「おはよう、スティーブ。元気かな？」チャオが打ち解けた様子で訊ねた。

「気分は上々です」実際、彼はここ数週間になく元気そうな様子だった。

「よろしい。さっそく始めようか」

スティーブは軽い身のこなしで椅子に座った。

「君は、スターバックスの店舗数は知っているかね？」チャオが訊いた。

「いえ、知りません」

「当てられるかな」

「創業はいつ頃でしたっけ？」

「現在のビジネスモデルは一九八七年にスタートしている」

「カフェ形式ということですか？」

「いや、カフェ、オフィスビル、キオスク、すべてだ」

スティーブは推定を開始した。

「私に聞こえるように口に出して計算してみなさい」

「そうですね、創業一四年。当初の出店ペースは年間一〇店、現在は一〇〇店、全体を通してみると新店舗の数はおそらく年平均五〇店。ということで、現在の店舗数はざっと一五〇〇店というところでしょうか?」

「いい線だが、アメリカ国内の店舗数は二〇〇〇年末時点で三〇〇〇店だ」

スティーブは笑いながら言った。「よくご存知ですね。もしや株主でいらっしゃるとか?」

「ああたしかに。だがこっちが勉強させてもらっている。その点が大事なんだ。それはともかく、店舗数はどういうパターンで増えてきたと思うかね?」

「パターンと言いますと?」

「全米にまんべんなく展開していったのか、地域単位に集中させたのか、または都市単位で出店していったのか?」

スティーブはしばらく考えて答えた。「地域単位だと思います」

「いや違う。都市単位だ」チャオは黄色いリーガルパッドを自分のほうに向けると、図を描き始めた。

「これはＩＰＯ（新規株式公開）案内に掲載されていた図だ。グラフの各層は店舗が開設された年度を示している。シアトル、シカゴ、バンクーバーの順に見てみよう。グラフが示しているように、都市ごとに店舗を開設できる場所の数に上限があるとすれば、スターバックスはなんとしてもその数だけ出店して、他社には日光も酸素も与えないことを目指してきた。

【柱を埋めろ】

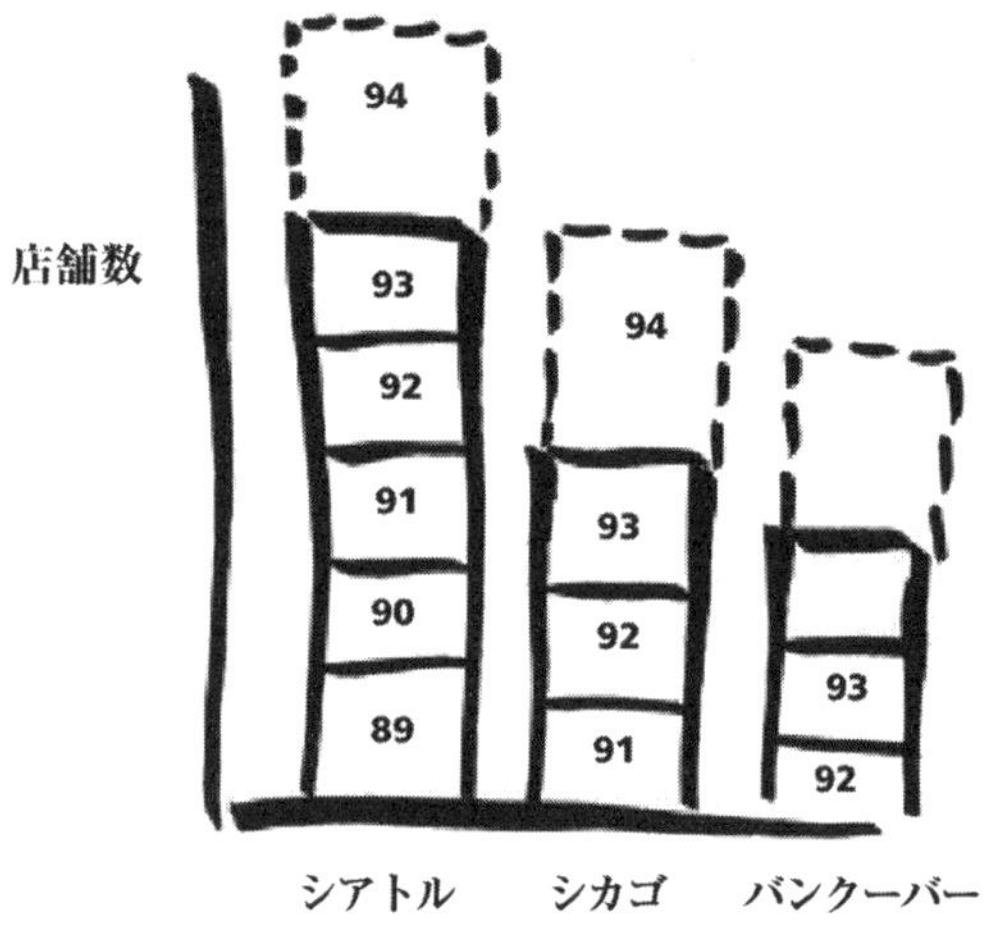

さて、この図を見ながら三年後を考えてみたまえ。この戦略を続けていった場合、一番のライバル社と比較してスターバックスの利益はどうなるだろう？」

チャオは、スティーブにリーガルパッドを渡した。スティーブはしばらく考えていたが、書きながら説明を始めた。

「スターバックスが四〇店舗、他社が一〇店舗だとすると、まず、他社よりも仕入れ価格が安くなります」

「クワント？」

「おそらく二％ぐらいです」

「他には？」

「スターバックスが人の多く集まる立地条件のいい場所の大半を押さえるはずです」

「それは数字にしてどの程度のプラスかな？」

スティーブはあごを撫でながら言った。

「うーん。地の利による利益増はおそらく売上の三%ぐらいでしょうか。かなり大きいはずです」

「他のコストについては?」

「人材募集《リクルート》にかかる経費。これには必ず固定費部分があります。宣伝費もですね。おそらくこれらの分野でスターバックスは、小さな支出で他社より大きな成果を確保できると思います」

「クワント?」

「わかりませんが、売上の一%ぐらいでしょうか」

「ここまでで六%分有利というわけだね。これで全部かな?」

「そうですね。四〇店舗があちこちに出店しているということになれば、そこらじゅうに看板が立っているようなものです。何十万ドルもの広告がタダでできる、と考えられます」

「ということは?」

「プラス、売上の一%」

「価格設定《プライシング》はどうだね?」

「便利な場所にあって認知度が高いとなれば、価格はある程度高く設定しても大丈夫でしょう」

「クワント?」

「二%から三%ぐらい」

「それはすべて最終的な利益に反映されるかな?」

「ほぼそういえるでしょう」

「では、合計すると?」

「九%から一〇%です。つまり、ライバル社が収支トントンの売上のとき、スターバックスは一〇%の売上利益を得られるわけです」

「その差が埋まって、五分五分の勝負になるとどうなるかね?」

「ライバルに対する相対的な優位性が劇的に落ち込みます」

「利益率で言うと?」

「五%ぐらいでしょうか?」

「利益率が五%下がるとどんな影響が出るかね?」

「二つあるのではないでしょうか。ひとつは潜在的成長率が落ち込むことです」

「その理由は?」

「利益が下がり、さまざまな経営数値が下がり、企業価値評価が下がるからです。成長に必要な資本の調達も難しくなります」

「二つ目の影響は?」

「長期的な経済性の低下です」

「その理由は?」

「競合企業が生き延びるからです。彼らが投資を行ない、ゲームに参加してきます。競合企業が損益分岐点上にあって利益が出せないなら、投資する余裕はないし、そうしようとも考えないでしょうが」

【円を満たせ】

「よろしい」チャオはうなずいた。「わかったようだね。少し視点を変えてみよう。ウォルマートの店舗数を知ってるかな？」

スティーブはつい最近読んだ憶えがあったが、思い出せなかった。

「だいたいでかまわない」

「五〇〇店ぐらい？」

「ひとつの州に一〇店かね？」チャオは首を振って否定した。

「一〇〇〇店？」

「もっとだ」

「二〇〇〇店ですか？」

「二〇〇〇年時点で、三〇〇〇店前後だ。どんな成長パターンかわかるかね？」

「都市を順番に埋めていくというパターンですか？」

「惜しいな。郡単位だ。図にするとこんなふうになる」

チャオは話しながら手早く円を描き、最初は円の周囲に沿って点を打ち、だんだんと円全体に点を増やしていった。

「スターバックスは柱、つまり都市を満たしていった。ウォルマートは円、つまり郡を満たしていった。両者とも考え方の基本はまったく同じだ。これでウォルマートは他社よりどれくらい有利になるかな？」

　スティーブはスターバックスのときと同じように順を追って考えてみた。しばらくするとチャオが数字を挙げて要約してくれた。「全部合わせると、ウォルマートは他社より約六％有利だ。では、サム・ウォルトンはどこまでこの利益モデルにこだわっていると思うかね？」

「すごく」

「シンプルな戦略だと思わないか？」

「本当にその通りです」スティーブは感嘆した。

「では、なぜこのモデルを活用する人が少ないのだろう？」

「これも利益のパラドックスでしょうか？　人は自明のことを見ようとせず、実行しようともしないという」

「まさにその通りだ。だが、もうひとつ理由がある」

「なんでしょう？」

「この戦略は、他社にとっては自然現象、自然災害のようなもので、みずから活用できるとは考えられなかった。アーカンソー州北西部から押し寄せてくる津波のようなもので、実際、速度を測ることも可能だ。ウォルマートの波はコネチカット州のハートフォードに向かって、年間七〇マイルの速度で進んだ。最高の成長率を記録した最も収益性に優れた利益モデルが、毎年七〇マイルの速度で同心円状に拡大していったんだ。次々に登場する新店舗は、初期の店舗がもたらす驚くべき収益性に支えられていた」

「エームズやブラッドリーといった北東部のディスカウント・チェーン店から見たら、まさに卵に石をぶつけられたような感じだったでしょうね」

どうやら『孫子』を読んだらしい――そう気づいたチャオは笑顔とともに言った。「まったくだ」

「他のチェーン店の利益は、売上の二%から三%というところでしょうか?」スティーブが訊ねた。

「そうだ。それもウォルマートの参入で価格が抑え込まれる前のことだ」

「というと、彼らは赤字に追いやられたんですね?」

「その通り。では、収益性の源であるこの〈ローカル・リーダーシップ利益モデル〉を使わなかったとしたら、ウォルマートはどこまで行けたと思う?」

「今のようになるまでに一〇年は余計にかかったでしょう」スティーブは考えながら答えた。

「いや、絶対に到達することはなかっただろう。拡大戦略を支える財務的基盤が足りなかったはずだ」

スティーブは、その事実がエームズのような企業、つまり資金不足で地域外にけっして進出できない企業にとってどういう意味を持つか考えてみた。「ローカル・リーダーシップ利益モデルで勝負するビジネスをしている企業の大半は、どこか途中で行き詰まってしまうわけですね」

「そういうことだね」

「面白くないですね」

「利益もけっして多くないし」

「なんとも複雑さに欠ける利益モデルのように思えます」

「そう思うかね」

いまのは質問だろうか？　スティーブには判断できなかった。チャオは話を続けた。

「読んで欲しい本が二冊ある。これを読んで、このモデルのビジネスが実はいかに複雑かということを次回話してくれないか？」

「わかりました。題名は？」

「サム・ウォルトンの『ロープライスエブリデイ』とハワード・シュルツの『スターバックス成功物語（*Pour Your Heart Into It*）』（邦訳、日経BP社）だ。小売業者ならひとり残らず三回は読んでもおかしくない本だと思うが、なぜ誰もそうしないのか不思議だよ」

スティーブは抗議するように言った。「ウォルトンの本は二回も読みましたが」

「知っているよ。三回目はいままでとは別の目的で読みなさい。ローカル・リーダーシップがどのように登場し、確立され、どれだけ機能しているかを理解するためだ」

スティーブはため息をついた。「他にも何かありますか？」

「いや、二冊読むだけで精一杯だと思う。時間が余るような読み方しかできないなら、今日の授業は貴重な時間を浪費したことになる。この二冊は内容は面白いが、娯楽として読んではいけない。学ぶために読むんだ。実際に、立地が勝負の典型的なローカル・リーダーシップ利益モデルを使う企業の経営者になったつもりになって考えてみなさい。そして、この二冊から得た知識を分析することでその考えがどう変わったか、一ページのリストにまとめてきなさい」

「わかりました」

「今日はこのくらいにしておこう。来週も同じ時間に会おう。ところで、建築資材のデルモア・サプライの近況は？」

ドアに向かっていたスティーブが立ち止まり、人差し指で鼻を叩きながら、カナリアを飲み込んだ猫のように満足した笑みを浮かべた。「ピラミッドを建設中です」

「全製品についてかね？」

「選ばれた一部の製品ラインについてです。空調用フィルター、断熱材、スクリーン・ドア。各分野に三段階の製品を設けるつもりで、専用の展示スペースもデザイン中です。ディーラーの訓練も来月には開始します。三月にはすべてうまくいっているはずです。マーケティングの連中はものすごく楽しみにしています。成長を視野に入れたプランに取り組んだのはこの一〇年で初めてなんです。すべてがうまく進めば、ハイエンド製品の来年度の売上は三倍になるはずです。そうなれば、この部門の収益性は倍増し、現在の四％から八％になるでしょう。うまくいくよう祈っているところです」スティーブは身振りを交えながらよどみなく報告した。

「間違いなくチーム全体がピラミッド・コンセプトを理解しているんだね？」とチャオが訊ねた。

スティーブにとって唐突な質問だった。「もちろんです。僕はそう思ってますが。なぜですか？」

「ガソリンの話を覚えているかな？　君がそうするんだから間違いはないと思うが、それぞれの製品についてはっきりとした利便性《ベネフィット》を提示できないのに、選択肢ばかり増やして消費者を混乱させないことだ」

スティーブはほっとした。「そのことなら大丈夫です。僕たちはハイエンド製品を徹底的に売り込むつもりです。グリーンとゴールドのパッケージ、環境優良製品に与えられる認証シール、省エネに関するヒントを満載した進呈用小冊子を三〇万冊。万事ぬかりなくやってます。良質の製品に余分なお金を払っても納得してもらえるだけの十分な理由があります。僕を信じてください」スティーブは腕時計に目をやった。「おっと、もう行かなければ。友達とアップタウンでブランチをとる約束をしてるんです。では、失礼します」

スティーブを送り出してドアを閉めたチャオは、しばらく立ったまま考えていたが、机に戻るとノート型パソコンを開いて電源を入れた。数秒でデルモア・サプライ・ドットコムにアクセスすると、建築資材のオンライン・カタログを見ながら、黄色のリーガルパッドの新しいページに製品名、価格、仕様、サイズ、スタイルなどをメモしていった。

チャオは自問していた――彼らは製品ピラミッド利益モデルを構築することの意味を本当に理解しているのだろうか？　構築できたとしても、自力でうまく成功に導くことができるのだろうか？

15
信頼関係がもたらす巨大なリターン――取引規模利益モデル

二月一日。スティーブは少しイライラしていた。もうかれこれ二〇分も今日のテーマである〈取引規模利益モデル〉について話していたが、どうにも理解できなかったのだ。

このモデルの長所はすぐに理解できた。大規模な取引が大きな利益を生む――つまり、取引規模が大きくなればなるほど、一件当たりの売上の上昇が一件当たりのコストの上昇より急勾配になる、そのことはわかった。このモデルがあらゆる種類の仲介ビジネスや物流ビジネスに当てはまることもわかった。だが――「だからどうだと言うんですか」スティーブはつい口を滑らせてしまった。

「それがわかったからと言って、何かできることがあるんでしょうか？」

チャオは食い入るように彼を見つめていた。答えるべきか否か？　そして、ようやく妥協策を見つけた。「君なら自分の問いに何と答えるかね？」

「答えはありません」とスティーブは断言した。「取引の機会は、大きいのやら小さいのやらがランダムに散らばっています。自分に訪れた取引機会は、どんなものも選り好みせず割り切って対処するしかないのでは？　そして、そこから得られるものを可能な限り手に入れる。そういうものじゃないんでしょうか?」

「セールスマンが言いそうな言葉だ」チャオはそっけなく言った。「とにかく売れ、利益のことは誰か他のヤツが考える、というわけだ。バカげたことだが、ルールやシステムを変えない限りそれも間違いとは言えない。つまり問題は、いかにしてシステムを変えるかだ」

「ルールを変えたとしても、待っているだけで大口の取引がやってくるわけではありません」

「もちろんだとも。ならば、どうすれば大きな取引が手に入るか考えようじゃないか」

「わかりません」スティーブは落ち込んでいた。考えてはみたものの、何も浮かんでこなかった。とりとめもなく、このモデルを使っているビジネスを紙に書き出してみた。不動産業、投資銀行、航空旅行ビジネス――もうひとつ思いついた。「広告業界にも使えますね?」

「たしかに。広告キャンペーンは一種の大きな取引と考えることができる。一回きりの売買と違い、完了するまでに時間のかかる大きな取引だ」

「仮に僕が広告代理店の経営者だったら、誰をつかまえたいか――ですね」スティーブは声に出して自問自答した。再び静かな数分間が過ぎ、答えが見つかった。

「大口顧客です」

「大口顧客なら誰もが欲しがるよ」チャオはいま一度スティーブが反発するのを期待して言った。

「たしかにそうですね」そう言うとスティーブはまた沈み込んでしまった。

またもや静寂が訪れた。チャオは無言だが、スティーブは明らかに先を促されていると感じた。すっかりチャオのペースだった。

「でも、ちょっと待ってください」ようやくスティーブが口を開いた。「先ほど僕は、誰でも取引規模の大小にかかわらず、つかめるビジネスはつかむものだと言いましたよね」

チャオはさらに食い入るようにスティーブを見つめたが、口は出さなかった。スティーブは続けた。「大きな取引だけを狙おうとするなら、リスクを覚悟しなければなりません。大口顧客に集中するために小規模な取引をとりこぼしたあげく、大口のほうもつかめないことになりかねません」

「そうだ。リスク負担もこの利益モデルのひとつの要素だ。他には？」

「能力《スキル》。忍耐」

「それから？」

「えーと、大口顧客との関係づくり」

「あとは？」

「その他には――」スティーブは懸命に考えたが、ギブアップ寸前だった。チャオのほうを見ると、電話のメモ用紙に、羽がはえた小さな豚のような絵をいたずら書きしていた。

スティーブは、ふと友人のデボラのことを思い出した。彼女はカレッジの同級生で、卒業後は昔ながらの顧客獲得競争に忙しい地方の投資銀行に就職した。そこに勤めていた頃、彼女はスティーブが頭にくるようなことばかり言っていた。

「スティーブ、私はフォレスター・バンクとの取引を獲得したチームの一員だったの。その実現のためにチームメンバーはほとんど三週間、夜も昼もないほど一生懸命働いたわ。とても優秀なチームだった。で、契約が取れたあともフォレスター・バンクとの関係を深めるためにチームが次に何をすべきか、私には山ほどアイディアがあった。ところが、うちも先方も関係者全員、せっかく開けた扉を前にして、休暇を取ることしか頭になくなっちゃったわけ。私のほうは、これでもやり手と目されていたから、他にもボストン・エジソンとの大きな仕事を与えられていたの。その仕事の最終期限が目前に迫っていたので、週末に睡眠不足を解消しただけで、その仕事にすぐ全力投球したわ。わかる？　勝つためには集中しなくちゃ」

集中か——。それはいいことだ。だが、いったい何に？　スティーブはつらつら考えながら、ゆっくりと現実に戻った。目の前ではチャオがまだいたずら書きをしていた。今度はいくつも橋を描いている。川にかかる橋、渓谷にかかる橋、建物をつなぐ橋、ハイウェイをまたぐ橋。スティーブはそれらの絵に見入っていた。

ふいにチャオが顔を上げた。その表情は何も訊くなと言っていた。

「さて、取引規模利益の要因はほかに見つかったかな？」

「はぁ、大きな取引を手に入れる要因は、リスク負担、能力、忍耐、関係づくり、そして——」

「そして？」

「えーと、オープン・ドア・シンドロームの克服があると思います」

「オープン・ドア・シンドローム？」

「何か大切なチャンスの扉を開けるために長いあいだ努力してきて、ようやく扉が開いたのに、その扉をくぐらない、というようなことです」

「成功への畏れのなせるわざかな？」

「理由は説明できませんが、そういうことが起こるんです」スティーブはデボラのチームの体験を話して聞かせた。「そういうケースは、けっして例外ではないと思います」

チャオは大声で笑った。「例外どころか、そんなケースはいくらでもあるよ。だが、君の友人は猪突猛進タイプだね」

「まったくその通りです。でも、彼女の働いてた会社も悪かったんでしょう」

「――ふむ、驚きだね」

「ええ、彼女はいつもそうなんです」

「いや、そういう意味じゃない」

「え？」

「人のことだと実によくわかるのが驚きだと言ってるんだ」

スティーブにはチャオの言わんとすることがわかった。「つまり、僕自身もそういう行動を取っていないか自問すべきだと？」

チャオはうなずいた。「日本企業のマネジャーたちはこんな言い方する。『人の振り見て、我が振り直せ』と」

「僕も開いた扉から入らなかったことがあると思ってらっしゃるんですね」

「それは知らない。ただ、振り返ってほしいだけだ。この一年で、入るのをためらった扉がいくつあったかを」

「ずるいですよ。扉の比喩は僕が考案したんですから」スティーブは笑いながら抗議した。

「なかなかいい比喩だよ」と言うと、チャオは軽くお辞儀をしてみせた。

スティーブは考え込んだ。何分か過ぎ、室内は再び静まり返った。聞こえてくるのは壁の時計が時を刻む音と、オフィスの外でフランシスがワープロを打つ音だけだった。

ついにスティーブが口を開いた。「憶えている限り、少なくとも二回はありました」まるで懺悔のような口調だった。

「では、デボラの話は忘れて、君のケースについて考えてみよう。なぜ、扉をくぐらなかったのかね？」

「次に起こった事柄に惑わされたんです。デボラのチームのケースと同じで、ニジマスのような行動を取ってしまいました」

「ニジマス？」

「ニジマスは銀色にきらめくルアーに簡単にだまされて釣り上げられてしまいます。人間もそれと同じで、心理的にうっとりして幻惑される瞬間は、一時的に現実的で正当な判断ができなくなります。長年こだわってきた関心、ビジネスのまっとうな戦略、賢明な判断といった感覚をすべて失ってしまう。羅針盤がきかなくなる磁場に入り込んだようなものです」

「ルアーの比喩は気に入ったな」チャオが口を挟んだ。「砂に引いた線の逸話を思い出したよ」

「どんな話ですか？」

「昔、ある中国の将軍がこう言ったそうだ。『私は砂に線を引いた。敵はそこから入ってこられないだろう』とね」

「どうしてですか？　線に惑わされて？」

「それもあるかもしれないが、実はもっと深い原理が働いている。つまりそれによって人心《マインド》をコントロールするということだ」

「ルアーが我々の行動をほとんど絶対的に制御するようにですね」

「いや、我々の思考をだ」チャオが訂正した。「行動は思考のあとにくるものだ」

「僕がやってしまったのも、まさにそれでした」スティーブは残念そうに言った。

「もうすんだことだ」チャオは手でいやなものを振り払うような仕種をしながら言った。「問題は、これからの一年で何回、君の前で扉が開くかだ」

スティーブはニッコリ笑った。「まったくです。少なくとも二回か三回は起きるでしょう」

「そのときが利益をつかむチャンスだ。デボラのことも、以前くぐらなかった扉のことも考えなくていい。これから自分に訪れる扉に集中するんだ。一番いいのはひとつ目の扉に集中することだがね」

スティーブはチャオの前向きな話にうなずいた。そして、このあたりで話の方向を変えたくなったので、きっかけをつくってみた。「なにか取引規模利益モデルの成功例はありませんか？」

「私の友人で不動産ブローカーをしているアリスの例はどうだい」

「ぜひ聞かせてください」

「彼女は長年にわたって、大した儲けにもならないビジネスで生き残ろうと奮闘していた。私たち夫婦が暮らした三つの家は、すべて彼女から買ったものだ。私はすっかりアリスが気に入ってね。

誠実で善意に溢れていたからだ。だが、不動産ビジネスの例に漏れず、彼女も忙しく動くわりに実入りは微々たるものだった」

「その彼女がどうしたんですか？」

「彼女はいまでも一年に六、七軒しか家を売っていない。だが、一軒一〇〇万ドルはする物件ばかりだ。手数料を六％としてもざっと四〇万ドル、彼女の取り分がその半分だとしても悪くない儲けだよ」

「なぜそうなったんでしょう？」

チャオは笑った。「私がアドバイスしたんだ」

「こうしなさいと？」

「大きな取引を獲得するために彼女がしたことは？」

「いや。利益が本当にある場所、常にある場所を教えただけだ。その先は彼女が自分で考えた」

「一〇〇万ドルの家を買う可能性のある見込み客に着目し、その種の人々が不動産の営業担当者からどう扱われたがっているかを考えたのさ。元来、控え目な女性だからやりすぎることはなかったが、常に彼らのそばにいて情報を提供した。彼らのニーズに応え、自分なりの情報も充実させていった。他の多くの不動産屋のおざなりな対応とは正反対のサービスを提供したんだよ。同業者のようにアグレッシブにはなれないから、当初は客をさらわれることもあった。だが徐々に勝利を収めるようになり、ついには規模の大きな取引をものにできるようになったんだ」

「そうなるまでにどれくらいかかったんですか？」

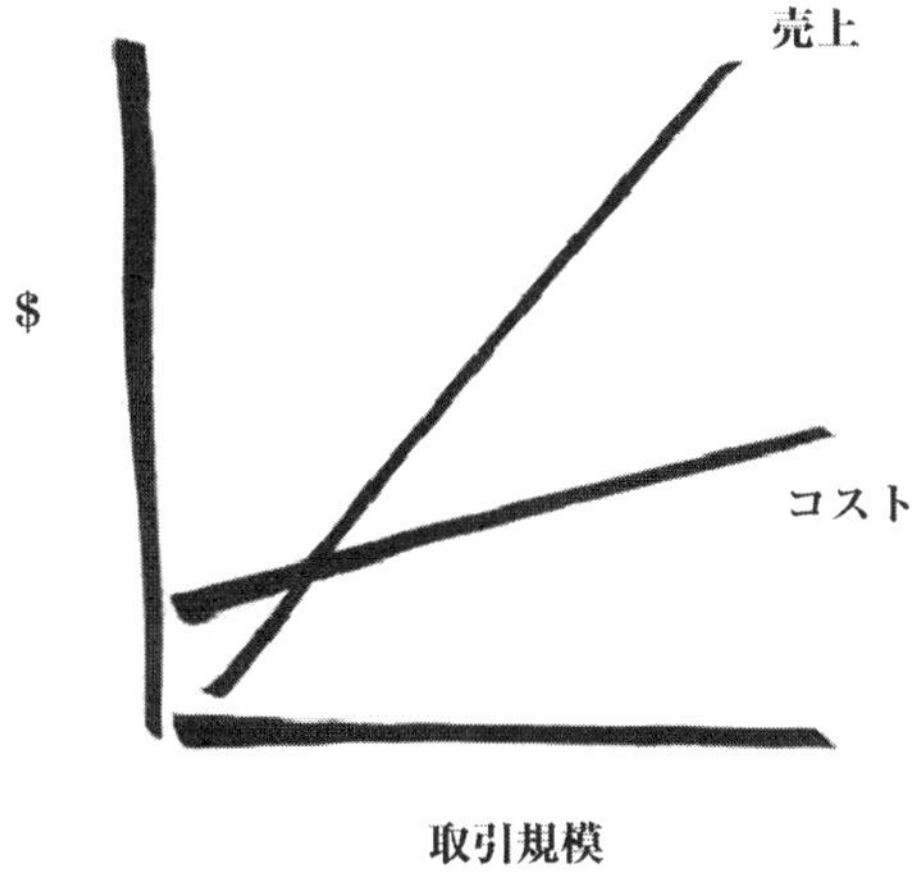

チャオには質問の意図がわかった。「七年ほどだ」

「それはまた、ずいぶんかかりましたね」

「そうでもない」

「僕とあなたでは時間の感覚が違うようです」スティーブは『アインシュタインの夢』を思い出していた。

チャオは肩をすくめた。

「これはパラドックスですね」スティーブが付け加えた。

「どうして？」

「素晴らしい関係を築くことで、大きな取引を獲得できる」

チャオが黄色いリーガルパッドを引き寄せたので、スティーブは口をつぐんだ。

チャオの描いた図は線を四本引いただけのシンプルなものだった。彼は図の下に簡単な等式を書き加えた。「大きな取引＝関係性」と。

チャオはその紙をはがしてスティーブに渡した。

「今日はここまでだ。また来週にしよう」

「本は？」

「今週はなしだ。いままでのことを見直すのもいいし、考え直してみるのもいいだろう」

スティーブはうなずいた。「映画を見るか、ダーツでもしに行くかもしれません。この授業が始まりデルモアが落ち目になってから、一度もやってないんです」

「そういえばデルモアは通信機器事業を売却するらしいね」

スティーブは肩を落とした。「そのほうがいいと思います。いまなら顧客ベースにも、工場にも、金を払ってもらえるだけの価値がありますから。それに、いまデルモアには資金が必要なんです」

そう言ってスティーブは頭を振った。「もっとも、来年度の予算をどうするかはまた別の問題ですが」

「なんとかしようとしているのは君だけじゃなかろう？」

「ときどき、もしかしたら僕だけかもしれないと感じます」

16

コントロール・ポイントを制する——価値連鎖ポジション利益モデル

二月八日。スティーブがオフィスに着くと、チャオは黄色いリーガルパッドに何やらいたずら書きをしながら待ち受けていた。

「やあ、スティーブ。入って座りなさい。君に見せたいものがある」

それはただのいたずら書きではなかった。彼は山や川、渓谷、森、そして広い平野のある景色をスケッチしていた。森の中と大きな滝のそばには、橋や道路、小さな集落が描き込まれ、人が住んでいることを示していた。

スティーブが絵に目を凝らしていると、チャオが話し始めた。「孫子の言葉を思い浮かべるんだ。曰く、峠を制する者は大軍に勝る。時間に潮時があり、場所に適所がある」

チャオは絵のあちこちを指しながら話を続けた。「他と比べてとりわけ重要な場所がある。たとえば、高い場所、川の浅瀬、山間の峠、橋、地峡、そして運河などだ。ジブラルタルやスエズ、ボスポラス海峡を考えればわかるだろう。

地理における真理は、ビジネスの世界でも真理だ。地理上の風景にも価値連鎖《バリュー・チェーン》にも、利益やパワーやコントロールという観点から、他に比べて何十倍も重要な場所がある。こうした特別な場所は、ビジネス風景の全体をコントロールするポイントとなる。

しかし、地震や洪水などの自然災害が起きると、こうしたポイントの位置が変わる。かつての要所が無防備で被害を受けやすい場所に変わり、なんでもなかった場所が新たな要所となる。

さて、今日学ぶのは〈価値連鎖ポジション利益モデル〉。つまりバリュー・チェーンの中のコントロール・ポイントを支配することで大きな利益を上げているモデルだ。例を挙げられるかな？　バリュー・チェーンの中でパワーの分布がきわめて不均等で、どこか一カ所にパワーが集中しているようなケースだ」

「すぐ思い浮かぶのはインテルとマイクロソフトです」

「そう。パソコン・ビジネスには利益はほとんど存在しないも同然だが、君が挙げた二社は、業界全体へのサプライヤーとしてコントロール・ポイントを押さえ、巨大なバリューを確保している。他に思いつく例は？」

スティーブは鉛筆を噛みながらしばらく考えていた。「ナイキ？」

「いい例だ。あの会社ではあらゆるパワーがマーケターとデザイナーに集中している。他には？」

スティーブはさらに考えながら訊ねた。「このようなポジションは、初めからそこにあるものなんでしょうか、それとも意図して作り出せるものでしょうか？」

「どう思うかね？」

「作れると思います」

「思い当たる例でもあるのかな？」

「マイケル・オーヴィッツが一九八〇年代と九〇年代初頭にやってのけたことはどうでしょう？」

「悪くない例だね。オーヴィッツはあの業界の基本的なビジネスデザインを、ハリウッドのパワーと利益を根本的に再配分するかたちで一新した。他に何か例は？」

スティーブは懸命に考えてみたが、他に思いつく例はなかった。

「小売業や出版業はどうかな？　ウォルマートへのサプライヤーとウォルマート、トム・クランシーと彼の出版社、コントロール・ポイントを押さえているのはどっちだろう？　君ならどちらになりたいかね？」

「迷わずウォルマートです。そういう意味で言えばホーム・デポやトイザらスにも。ただし、出版業界についてはトム・クランシーやスティーブン・キングのほうを選びますね」

ここで二人ともしばし沈黙した。しばらくしてスティーブがチャオに訊ねた。

「ところで、最初からそこに存在しているようなコントロール・ポイントの例はありますか？」

「いい質問だ。今回の宿題はそれにしよう」

「わかりました」スティーブはメモをとった。「宿題はそれだけですか？」

「いや、一つ目が既存のコントロール・ポイントの例、二つ目はコントロール・ポイントががらりと変わった極端な転換例、三つ目は、これからの二年間で出現すると思われる新しいコントロール・ポイントの例を考えてくることだ」

「宿題をこの場でやってもいいですか？」

「かまわんよ」

「宿題その一。初めから存在していたコントロール・ポイントの例ですが、そういうものは存在しません。状況に応じて発生場所が変わるからです」

「興味深い意見だ。では何がコントロール・ポイントを決定するのかね？」

「相対的な付加価値です。相対的な付加価値の軌道と言ったほうが適当かもしれませんが」

「たとえば？」

「マイクロソフトとインテルのウィンテル対パソコンメーカー。あるいは、ウォルマート対ウォルマートのサプライヤーです」

「それ以外にコントロール・ポイントを決める状況は？」

「希少性の創出。あるいはボトルネックの発見とコントロール」

「それから？」

スティーブはほとんど瞬時に答えた。「顧客とのコネクション」

「というと？」

「バリュー・チェーンを構成する他社よりも、顧客とよりよいコネクションを確立するという意味です」スティーブは得意げに答えた。

「その場合、利益はどのように発生するのかね？」

今度も考え込むことなくスティーブは答えた。「予測能力の向上を通じてです」

「予測能力？」

「はい。コントロール・ポイントを制した企業は、自分の手でビジネスのペースを決定できます。その企業のビジネスプランが未来を決めるからです。したがって先を予測できます。他社にできるのは、何かが起こってからの受身の反応だけで、対応は常に一歩遅れます」

チャオは驚いた。スティーブの見解は不完全だったが、的外れではなかったからだ。

スティーブは続けた。「次は宿題の二番目、極端なコントロール・ポイントの転換についてです。かつて統合された一つのシステムだったビジネスが、コントロール・ポイントを握ったスペシャリストに動かされるビジネスへ転換した例を三つ思いつきました。コンピュータ業界、スポーツ・シューズ業界、そしてハリウッドです。

最後に宿題の三つ目。これから新たに出現するコントロール・ポイントですが、これについては少し考えさせてください」スティーブは満足げな笑みを浮かべて椅子にもたれた。

チャオはようやくスティーブがガソリンを使い果たしたのを見て、少しほっとした。「よろしい、今度までに新しいコントロール・ポイントを三つ考えてきなさい。もちろん、その理由と、それがどのくらいの期間コントロール・ポイントであり続けられるかという予想もね」

「読んでおく本はありますか？」

「アンドリュー・ラパポートらの論文「コンピュータをつくらないコンピュータ企業（Computerless Computer Company）」（邦訳『DIAMONDハーバード・ビジネス』一九九一年一一月号）を読みなさい。これまでハーバード・ビジネス・レビュー誌に掲載されたすべての論文の中で最も優れている。いかにしてルールが変わるか、いかにしてコントロール・ポイントが移っていくかをはじめ、さまざまなことが書かれている。この論文を、日を置いて三回読みなさい。面倒だと思うかもしれないが、言った通りにしてほしい。最初に読んだあとは、キーポイントを紙に書き出すこと。次に読んだあとも別の紙に書き出し、三回目も同じように書き出すんだ。そして、最後に三枚を比べてみる。わかったね。

　では、今日はここまでだ。私はワシントン大統領誕生日《プレジデンツ・デイ》を挟んで一週間ほど休暇を取るので、来週は休みにしよう。妻とヒルトン・ヘッドで一泊して釣りに出かける予定なんだよ。再来週また会おう」

17

わずかな価格差をめぐるゲーム——景気循環利益モデル

二月二二日。スティーブがオフィスに入ったとたん、チャオは黄色いリーガルパッドをつかんで訊ねた。「デルモアの手がけている事業で、景気循環の影響を受けているのはどこだね？」

「たくさんあります」スティーブは答えた。「建築資材、化学製品、製紙、樹脂……航空機部品にしてもそうですね。これは大きな問題のひとつで、以前から格闘してきました。問題は景気が落ち込んだ時期をどうしのぐか、そして、上向きになったときにいかに素早く有利な立場を築くかという点にあります」

「これは景気循環型産業に対して、ほとんどの人が思い描く一般的なイメージだ」チャオは二本の線と波線を描きながら言った（図1）。

「だが、残念なことにこの図は間違っている。販売量からビジネスを見ようとすると、景気と利益の関係が曖昧になってしまうからだ。正しい図を描いてみようじゃないか」

チャオはそこで話すのをやめた。スティーブはチャオの作り出す沈黙の時間を味わうことを学んできた。彼はオーケストラの指揮者が休止符に意味を持たせるのと同じやり方で、沈黙の時間を設ける。彼には意図しない偶然の沈黙などあり得ない。

「稼働率が高くなるとコストはどうなるか？　まずはそこから考えてみよう」チャオが再び口を開いた。

スティーブが答えようとしたとたんにチャオがさえぎった。「いや、図を描くだけでいい」と言って、紙をスティーブに渡した。

スティーブはページをめくると、三本の線を描き、それぞれに名前を付けた（図2）。

図‐1

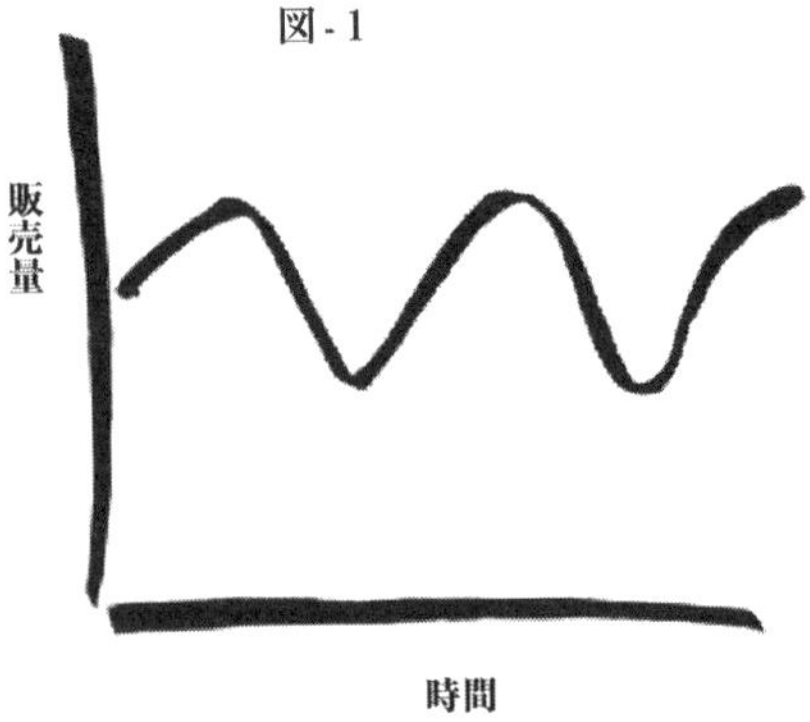

図‐2

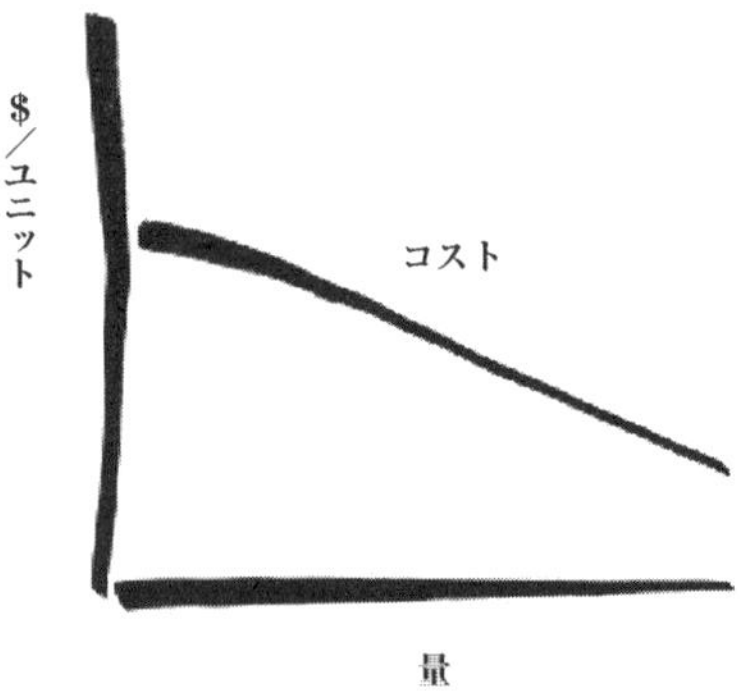

「よろしい。次は価格だ。どうなるかな?」

スティーブは新たに線を描き加えた(図3)。

「よろしい」チャオはペンを取り、スティーブの描いた図にD、C、B、Aの四つの文字を書き込んだ(図4)。

「D点ではどういう状態だね?」

図-3

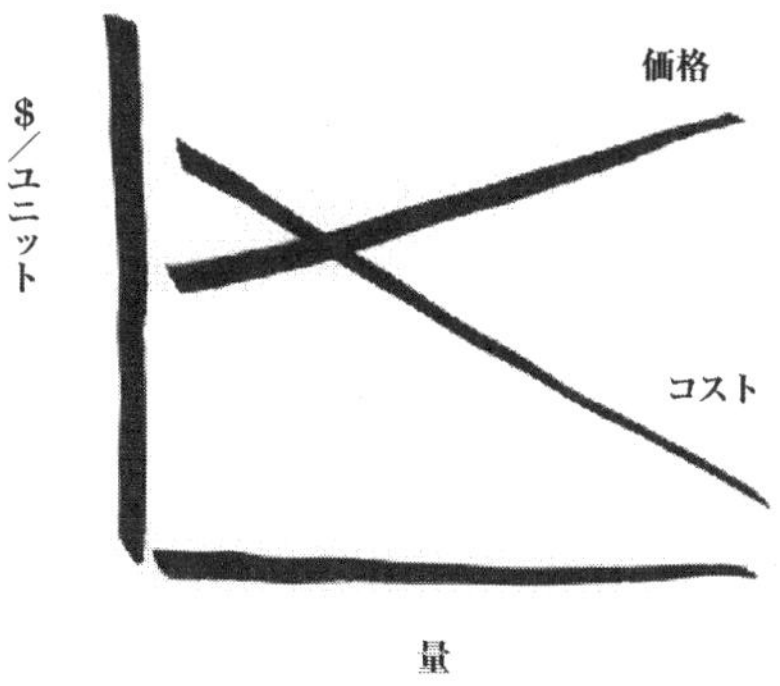

図-4

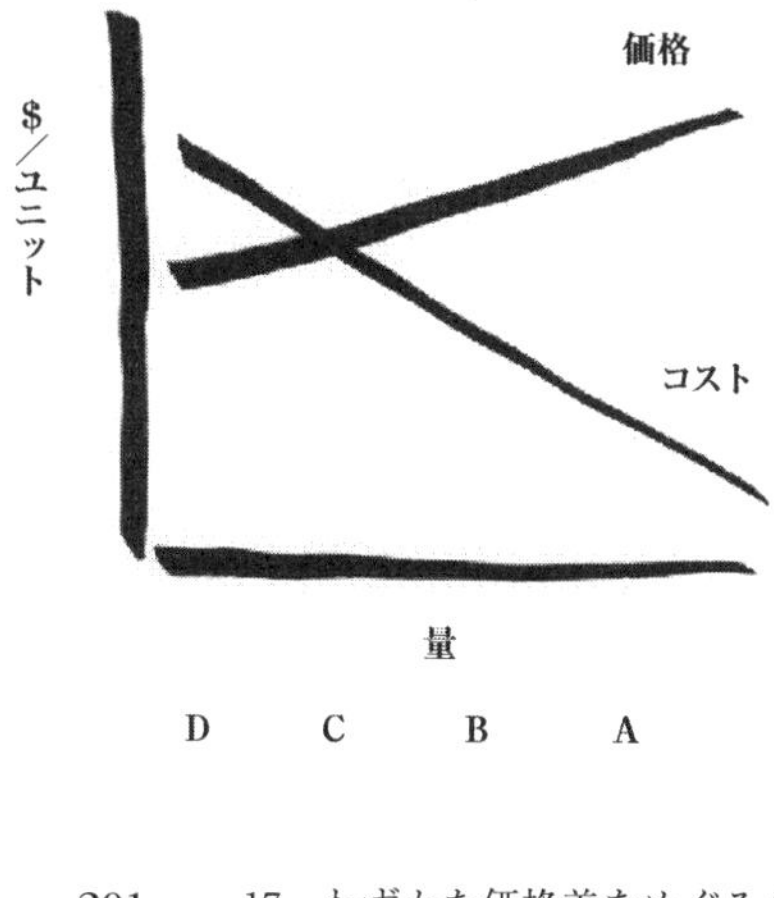

図-5

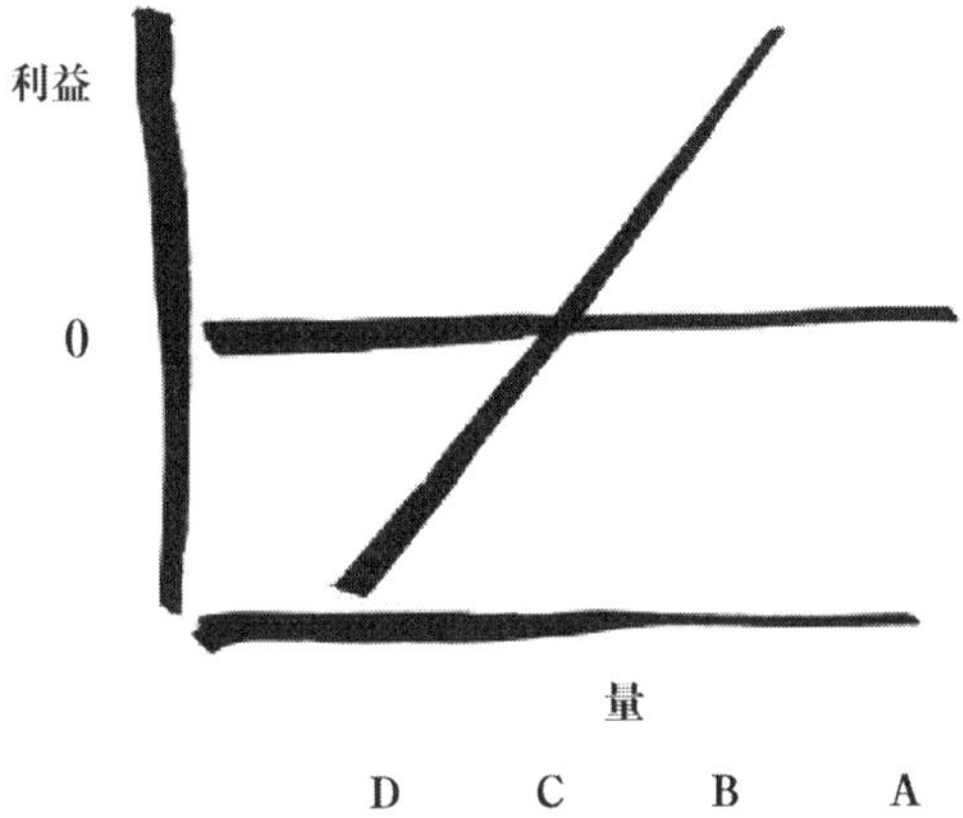

「赤字です」

「C点は?」

「採算ライン、損益分岐点です」

「B点は?」

「利益が生じます」

「A点は?」

スティーブは笑いながら答えた。「笑いがとまらない大儲けです」

「よろしい。ならば利益と量の関係はどんな図になるかな?」

スティーブはペンを取り、ページをめくると、今度は線を四本と文字を描いた(図5)。

「よくできた。ではこうした〈景気循環利益モデル〉で大成功している企業を挙げなさい」

「えーと……トヨタとか」

「いい例だね。トヨタはどんな方法で利益を上げているだろう?」

スティーブはウォールストリート・ジャー

図-6

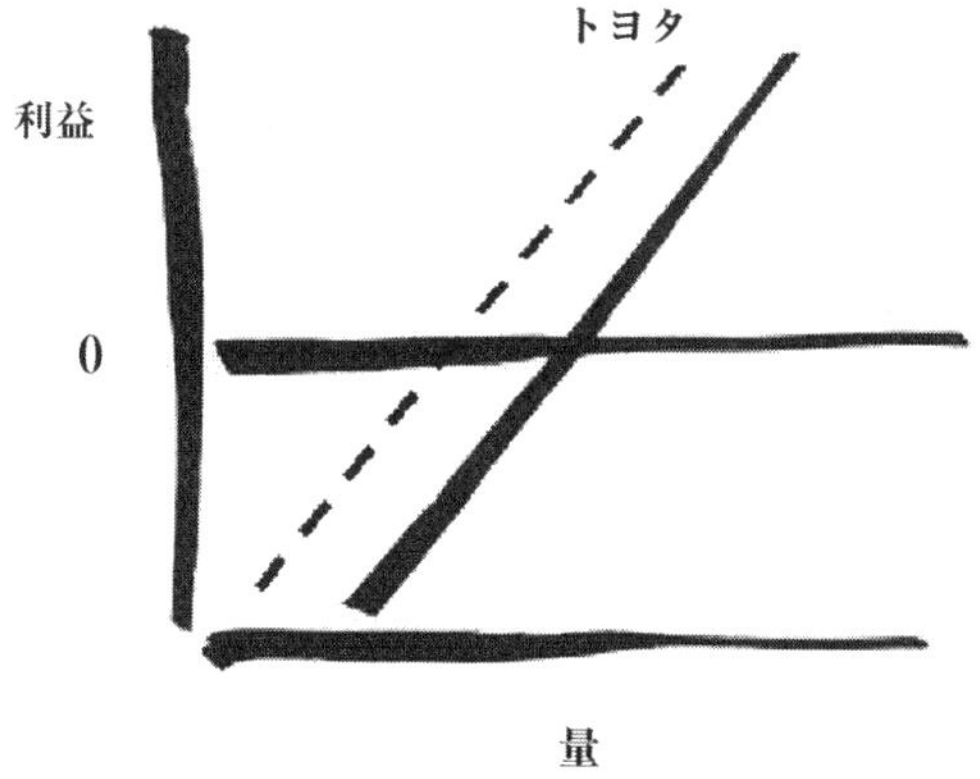

ナル紙の記事を思い出して答えた。「損益分岐点を引き下げる努力をしました」

「その通りだ。どうやって？」

「コスト削減です。固定費が主ですが」

「まさにそうだ。図で表せるかね？」

スティーブは考えながらいまの図に点線を書き込んだ（図6）。

「よろしい。で、トヨタの狙いは？」

「他社が赤字のときにもトヨタは損益分岐点に留まれるし、他社が損益分岐点のときは黒字になります。だから、常に一歩先を行くことができます」

「わかりやすい説明だ。それでトヨタが築き上げた山のようなキャッシュの説明がつく」

「その額はどれくらいなんでしょうか？」

「想像してごらん」

「一〇〇億ドル？」

「もっとだ」

「一五〇億ドル？」

「それ以上だ。私が調べた最新データでは、二〇〇一年末で一六〇億ドルだよ」チャオは話題を変えた。「以上がトヨタだ。他に景気循環型利益モデルで大成功を収めているところはあるかね？」

スティーブは眉間に皺を寄せてテーブルを見つめていた。「思い当たりません」

「化学品メーカーのユニバーサル・ケミカルズがある」チャオが助け舟を出した。

「あそこでスコットという名前の男と一緒に仕事をしたことがある。彼は価格設定《プライシング》にはマジックが潜んでいると教えてくれた。必要なのは、生産力と顧客動向に関するデータ、それに絶対的な自信だ。それに基づいて、他に先んじて価格を引き上げたり、遅れて引き下げたりする。それを図に表してみなさい」そう言うと、チャオはリーガルパッドをスティーブのほうに押しやった。

スティーブは描いてみた。

チャオは首を振った。「違うな」

スティーブはページをめくってまた描いた。

「それも間違っている」チャオは新しいページをめくると波型の曲線グラフを描いた。「これが市場価格だ」次にその曲線の上に、ほとんど触れ合う重なるような点線を描いた（図7）。「このほんのわずかな差が莫大な利益を生み出す。巨万の利益だ。これは生産の問題ではなく価格差で利益をつかむ鞘《さや》取りゲームなんだよ」

「うーん、でもそんなに単純なものでしょうか？」スティーブは友人のジェリーのことを考えていた。デルモア傘下のデルケムという化学会社のアシスタント・バイスプレジデントだ。ジェリーは

図-7

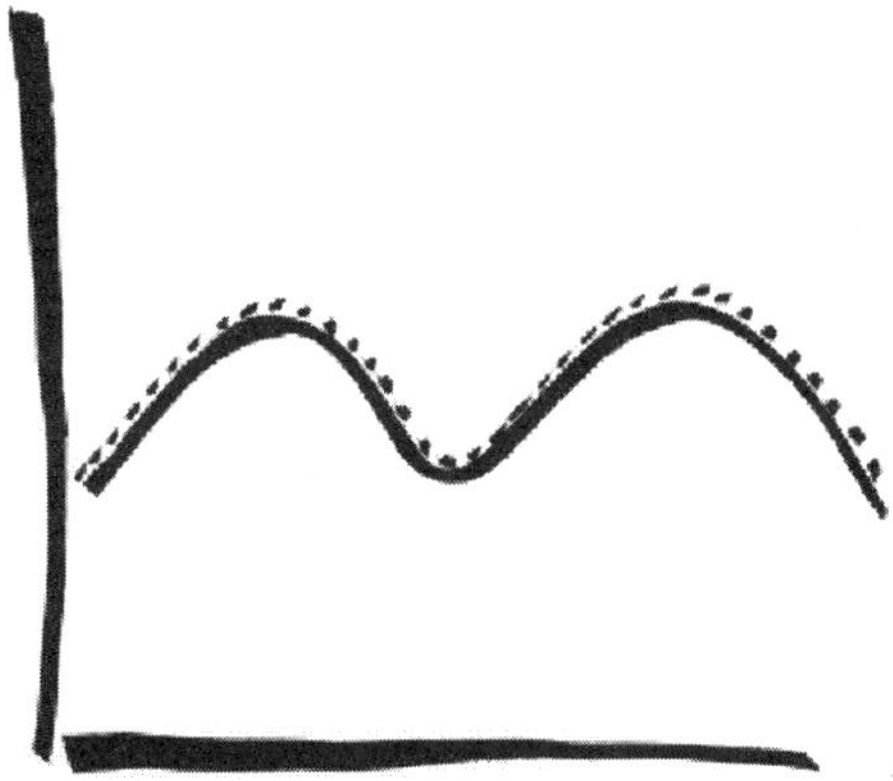

市場の浮き沈みによっていつも二重に損をする羽目になると嘆いていた。この五年間でデルケムは、三〇%を超える利益を上げた年を三回、二桁の損失を出した年を二回経験してきた。だから、翌年の同社の動向は皆の関心の的だった。ここが二、三年連続で落ち込めば、デルモアも大きく足を引っ張られることになる。

「シンプルなだけに、かえって難しいんだ。スコットに話を戻すが、彼は二年前にユニバーサル・ケミカルズを辞めた。社内で彼はミスター・マネーと呼ばれていた。社内には価格設定を上手にできる人材がいくらでもいたが、彼は別格だった。すべてを把握し、何ものをも恐れず、才気に溢れていた。退職に際して、会社は彼に立派な金時計を贈呈したが、金のキャデラックでもおかしくなかったと思うよ。二〇年にわたって、市場が上向きのときも下向きのときも利益を上げ続けてきたんだからね。とりわけ最後の五年間の活躍は素晴らしいものだった」

「最後の五年に特別なことでもあったんですか?」

「その五年間、スコットは自分がまもなく引退すると知っていた。そして、これから価格設定がもっと重要性を増し、もっと難しくなることもわかっていた。そこで彼は、社内を歩き回ってめぼしい人材を探し、見つけ出した人材を価格設定というビジネスゲームに参加させるよう仕向けた。ひとりとして彼と同等の力量を持つ人材はいなかったが、チームとしてまとまったことにより、スコットひとりを遙かに上回る力量を発揮できるようになった。彼は金銭に換算できないほどの遺産を会社に残したんだ。

君も感じているかもしれないが、利益というのは実に不思議なものだ。利益が生まれるにあたっては、ひと握りの人々が途方もなく重要な役割を果たしている。売る人、価格を設定する人、プロジェクトを統括する人、発明する人——実際、利益について考えれば考えるほど、会社という組織がひと握りの人材の才能にいかに依存しているかがわかるだろう。

科学の世界では、ジミー・ブラックのような分子発見者たち。MITRE、メルク、ボーイングのような企業では、暴走する貨物列車のように複雑なプロジェクトを前進させ続ける素晴らしいプロジェクト・マネジャーたち。広告会社では、優れた才能を持つ三人のコピーライターがそうした役割を果たしているかもしれない。クライスラーのエンジニアリング・グループには、知られていない二人の天才設計者が埋もれているかもしれない。法律事務所には、新規契約の七〇%を取って

くる六人の辣腕弁護士《レインメーカー》がいるかもしれない。

　利益が発生する道筋は、いつもきわめて限られている。そして多くの場合、利益を生む化学反応を起こす触媒役や、必要な動きをスタートさせる引き金を引く人間は、大組織の中でもごく少数しかいないものなんだよ。

　ところで、少数の人間が利益を呼ぶということを、ちょっと別の角度から考えてみよう。たとえば、売上一〇〇億ドルの化学会社があって、価格設定者やプロジェクト・リーダーなど二〇人の鍵となる人材を抱えているとする。さて、この会社が、同じ売上は保っているものの、リストラやリエンジニアリングや単純に人材マネジメントの失敗で、利益を作り出す人材の多くに去られてしまったとする。彼らが去る前と後とでは、同じ会社でも様相はまったく違うはずだ」

　チャオはリーガルパッドを取ると三角形を描き、その中に二〇個の小さな星を散りばめた。「この星

［後］　　空売りの潮時

が鍵となる才能を持つ人材だ」彼は三角形に「前」と書き入れた。

チャオはその下に、人材がほとんど流出してしまったもうひとつの三角形を描き、「後」と書き入れた。

スティーブはその紙を手元に引き寄せ、自分のペンで、「前」の三角に「株の買い時」、「後」の三角に「空売りの潮時」と書き込むと、チャオと顔を見合わせて笑った。

チャオは訊かずにいられなかった。「いまのデルモアはどっちかね？」

スティーブはちょっと考えていたが、机の上のペン立てに手を伸ばし、赤いマーカーを取って、「後」のほうを指した。「こちらですね。でも忘れないでください。デルモアにはまだ僕がいるんです」そう言いながら、彼は手にした赤いマーカーで三角の真ん中にもうひとつ星を書き加えた。

「その星が何かやってくれることを祈ろうじゃな

いか」チャオは微笑みながら言った。「君の建築資材のピラミッドはどうなったかね？　現在も建設中かな？」

スティーブはうなずいた。「お披露目の準備はほとんど整っています。少なくとも僕はそう思ってます」

「気がかりはまったくないのかね？」チャオは穏やかに畳みかけた。

スティーブは躊躇した。「二週間前、マーケティング用資料の最終バージョンを見たんですが、少し、何と言うか……」

「的外れだと？」

「多分そうなのだと思います。ハイエンド製品を積極的に売り込もうという姿勢ははっきりしているんですが、ファイアウォールとなるローエンド製品はなんだか安っぽくて質が悪そうなんです。あれではせっかくのチャンスを逃すのではないかと不安で。市場参入を目指す他社を寄せつけないような、強力な廉価製品を揃えないとダメだと思うんです」

「そこがピラミッド利益のピラミッドたるゆえんだからね」

「ノーブランドの建築資材製品はいくらでもあります。油断していると、市場に入り込まれてしまいます。たとえば、チェーン展開をしている大型ホームセンターが生産するプライベート・ブランド製品などがそうです」

「そうだね。ピラミッドの目論見が見込み違いに終わる可能性もある」

「それが一番心配なんです。何かいい策はないでしょうか？」

「君が懸念している問題を実証する顧客データを持っているかね？」

「あると思います」

「それならさっそく取り組んで議論しなさい。もちろん、上司であるキャシーの協力も取り付けることだ」

「やってみます」

授業は終了した。チャオに言い残したことはなかった。

「今日の課題図書は？」

「そろそろ最も有名な投資家であるウォーレン・バフェットのことを学ぶ時期だ。テレビや雑誌のにわか仕立ての説明で、彼の考え方を理解できていると思っているかもしれないが、それはおそらく勘違いだ。本人が書いたエッセイが優れているが、それは彼の経営するバークシャー・ハサウェイ社の株主にでもならないと簡単には手に入らない。あそこの年次報告書に掲載されているからね。だから、まず手始めにアンドリュー・キルパトリックの書いた『永続する価値について（*Of Permanent Value*）』を読みなさい。バフェットについて書かれたものの中ではベストの部類に入る本だ。だが、バークシャーの年次報告書が手に入ったらバフェット本人のエッセイも読んでおきなさい」

「読むべきものがたくさんありますね」

「そうとも」チャオは気の毒がってはいないようだったが、少し語調を弱めて言った。「ただし、二週間あげよう。そのくらいかかるだろうからね」

「わかりました。では、再来週また来ます」

授業は終了した。

18

フォローアップの潜在力——販売後利益モデル

三月八日。「今回の課題はものすごく面白かったです」スティーブは開口一番チャオにこう告げた。「ウォーレン・バフェットのエッセイは簡単に手に入りました。バークシャー・ハサウェイのウェブサイト（http://www.berkshirehathaway.com/）にすべて載っていたんです」

チャオは心の中で微笑み、「それはよかった」とだけ言った。

スティーブは、もっとチャオが何か言ってくれるものと期待していたが、反応はそれだけだった。

この日は前置きも世間話もいっさいなく、チャオは矢継ぎ早に質問を浴びせかけた。

「価格に対する買い手の反応は常に一貫していると思うかね？　つまり、何を買うときも価格感応性は同じように現れるだろうか？」

「いえ。そうは思いません」スティーブは反射的に答えた。「確かなことは言えませんが——」

「どの程度変わるものだろうか？」

「少なくとも、ある程度は」

「例を挙げて考えてみよう。一杯のコーヒー、テレビ、航空券、乗用車。どうだね？」

これでずっと答えやすくなった。「一杯のコーヒー――これの価格感応性は非常に低いです。スターバックスのビジネスはそこに立脚しています。一〇セント余計にコストをかけただけのコーヒーに、客は二ドルも三ドルも払うんですから」

「テレビとなると話は違ってきます」スティーブは続けた。「買い手は価格にずっと敏感になり、二〇ドルでも三〇ドルでも安く買おうとあちこちの店を見て歩くはずです。一番安く買ったという満足感を得るために。飛行機のチケットなら価格感応性はさらに高まります。格安チケットを探し回り、何カ月も前に予約するでしょう」

「それはなぜだろう?」チャオは聞いた。

「航空券は大きな買い物です。値段も高い。でも、努力して探せば見返りがあることもわかっています。一〇〇ドル、二〇〇ドル安く手に入るんですから」

「つまり、商品価格が高く、市場での価格に幅があるということだね」

「そうです」

「乗用車の価格感応性は?」

「非常に大きいです。不動産を除けば一番高い買い物ですから。価格の幅も大きく、価格感応性もかなり高くなります。気が弱くて交渉が苦手な人でも、一歩ディーラーの店内に入れば人が変わり、必死で値下げ交渉を始めるでしょう」

「ただし――?」

「例外があるのですか?」

「買い手が言い値で買う場合はないかね？」

スティーブは考えるうちに、金持ちの友人が定価でフォード・エクスペディションを買ったことを思い出した。彼はそのモデルを手に入れるまで二カ月待たされたそうだ。「その車がどうしても欲しくて、なかなか手に入らないような場合ですね」

「そこから一般的な原則を引き出してみなさい」

スティーブはよどみなく答えた。「価格が高く、価格の幅が大きく、そして選択肢が多い場合に価格感応性は高くなる」

「逆の原則は？」

「価格が安く、価格の幅が小さく、そして選択肢が少ない場合に価格感応性は低くなる、ですね」

チャオは小さくうなずいた。「ご苦労さま。いま君が説明したことが〈販売後利益モデル〉が大きな利益を生む理由だ。コンピュータ、乗用車、コピー機、工業機器など、認知度も価格も高いところで行なわれているビジネスは多い。それらの製品の売買取引は、買い手の価格感応性が最も高いゾーンで行なわれる。そこでは、買い手は少しでも安い価格で手に入れようと奮闘している。この買い手の情熱とエネルギーによって、いつか価格は引き下げられ、利益を得る余地は失われてしまう。

ところが、ここで面白いことが起こる。最初の取引さえ成立すれば新たな状況が生まれ、それまで存在しなかったフォローアップ製品の需要が生じるんだ。エレベーターやパソコン、ピックアップ・トラックが購入されなければサービス契約が結ばれることはないし、交換用部品やアクセサリーが購入されることもない。しかし、最初の製品が買われた時点で新たなミニ・マーケットが誕生するわけだ。

このミニ・マーケットの特性を考えてみよう。それは最初に買った製品を使うための必需品であり、価格は製品本体の一〇分の一、一〇〇分の一。こうした特性は最初に購入される製品よりもはるかに好ましい」

「インストール・ベース利益モデルの変形のように思えますが」

「そうかな?」チャオは質問を投げ返した。

「僕には同じように見えます」

「たしかに類似点もある」とチャオは同意した。「だが、インストール・ベース利益モデルで得をするのは誰かね?」

「当然、製品メーカーです」

「そうだ。では、自動車保険やパソコンのソフト、電気製品のアフターサービスで儲けるのは?」

「保険会社と代理店、ソフトウェアのメーカー、電気製品の小売店等々、いろいろな人たちです」

「そこがポイントだよ」

「でも、なぜハードウェアのメーカーはフォローアップ製品を作らないんでしょうか?」

「いい質問だ。それもビジネスの永遠のパラドックスのひとつだろうね。値段の高いハードウェアを作っている連中は、巨額の資本投下を行ない、膨大なリスクをすべて引き受けたうえで、損失をこうむりつつ価格を引き下げている。その一方で、購買頻度が最初に買われた製品より一〇倍も多いために、確実に売れ、価格感応性が低く、利益率が高く、繰り返し売上が立ち、顧客との関係を築く機会が生じるビジネスには手を出さない。他の誰かにさらわれるのを指をくわえて見ているわけだ。なぜコンピュータ・メーカーが追加メモリを売らないのか、自動車メーカーが保険や延長保証サービスを手がけないのか、私にも理解できないね」

「わかりました」スティーブが口を挟んだ。「きっと彼らのビジネスデザインには、守備範囲が不十分というか、根本的な欠陥があるんです。それが他社に巨大な利益をつかむ機会と顧客と関係を結ぶ機会を与えているんです」

「ならば彼らはどうするべきだと思うかね？」

スティーブはよく考えてみた。

「販売後製品も含めてすべてをカバーできるように、ビジネスの範囲を拡張すべきだと思います。そして販売後製品を、最初に売った製品に合わせてカスタマイズすれば、顧客は販売後製品やサービスを彼らから購入し続けるしかなくなります」

「なるほど」チャオは親指を立ててスティーブを励まし、先を促した。

「つまり、販売後利益モデルをインストール・ベース利益モデルに転換する努力をしなければならないのです」

「ふむ、それなのに？」

「彼らは他の会社に膨大な利益発生の機会をさらわれてしまっています」

「どうしてそうなるのかね？」

スティーブは再び考え込んでいたが、思い切って答えた。「ある種の心理のためでしょうか？」

「もう少し説明してくれ」

「人々が感じるビジネスの魅力やプレステージというものは、つまるところ市場シェアと高額商品の売上に密接に関連しています」

「それで――？」

スティーブはまた口をつぐんだ。頭の中にこれまで二人で話し合ったさまざまな場面が浮かび、記憶のスクリーンに映画のモンタージュ・シーンのように次々と映し出された。そのどこかに共通する筋道があるはずだと彼は感じていた。そして、ついにそれを捕まえた。

「そうか、これはまったく異なる利益モデルなんだ！」彼は大声で叫んだ。「販売後製品の場合、スキルも人材もシステムもデータベースもまったく違うものが必要です。心理的な満足感、華々しさ、知名度、いずれも最初に売る製品のビジネスに比べたら見劣りします。自動車保険やエレベーターのメンテナンス契約を一日で一〇件取れればすごいことです。でも、メディアに取り上げられることもなければ、ごほうびのハワイ旅行もありません」

「そうだ。そんなこととは無縁だ。けれど十分な利益は得られる」

「つまり、販売後製品まで網羅しようとするなら、まったく別の組織やシステムを作る必要があるわけです。そして、ベースとなるもともとの組織とうまく結びつける方法を考えなければなりません」

「それはまた難しそうだな」

「少なくとも、そういうケースがほとんど存在しないことが難しさを物語っているのでしょう」

「その通りだ」チャオも同意した。「いま君は販売後利益を追求するビジネスが難しい理由を二つ挙げた。人間の心理、そして、まったく異なるビジネスモデルであること。他にないかな?」

スティーブは答えに窮した。知的エネルギーを使い果たしたのかもしれない。

チャオは辛抱強く待っていたが、すぐには何も引き出せそうにないと思ったのか、助け舟を出した。「自動車メーカーでもコンピュータやコピー機メーカーでも、ベースとなる組織の人間のうち、利益に責任のある人、利益に応じて報酬を得ている人はいったいどのくらいいるだろうね?」

スティーブは再び進むべき方向を見つけた。頭の中のスクリーンをデルモアのさまざまな事業が駆け巡った。自動車や航空機の部品部門、製薬部門、工作機械部門……。「非常に少ないと思います。場合によってはほんのひと握りにすぎない」

「まさにその通り。では、利益に応じてボーナスが決まる人間が何百人もいる組織があるとしよう。どうなるだろう?」

「どんな障害でも克服して販売後利益モデルを構築しようという、強い力が働くでしょうね」

「では、最初に買われる本体製品ではなく販売後製品にフォーカスし、そこで勝負しようというのは、どんな人やどんな会社だと考えられるかね?」

「そうですね、起業家や個人会社などです」

「彼らは収益性というものをどのように理解し追求しているだろうか?」

「曖昧さのかけらもないほど徹底していると思います。だから、利益に激しく情熱を燃やす組織と、利益への関心が薄い組織が対峙したとき、結果はおのずと明らかです。卵に石をぶつけるようなものです」

「たいていはそうだろうね」

スティーブは話の内容をしっかり把握しようと、必死でメモをとった。チャオが話し終えてもひたすらペンを走らせていた。一分が過ぎ、二分が過ぎ、五分経ってもまだメモをとっていた。一ページ目が埋め尽くされ、二ページ目もいっぱいになった。ところが、突然メモの大半は自分の発言であることにスティーブは気づいた。その多くはデルモアの各部門に対するアイディアであり、いくつかは今日の授業とは直接関係のないことだった。最後にすべて大文字で書き記した言葉は次のようなものだった。

航空機部門――コックピット・シール・プロジェクト――航空会社セキュリティ・プログラムを引き継ぐか？――顧客ソリューションかデファクト・スタンダードか？

スティーブは少し先が見えてきたような気がしたが、口には出さなかった。ただ自分のメモをバックパックに突っ込み、あとでもっとよく考えてみようと思った。目を上げると、チャオが唇にわずかな笑みを浮かべて静かに見つめていた。

「今週の本は何ですか？」

「今週も二冊ある」チャオはスティーブが不満の声をあげるかと思っていたが、何もなかった。

「一冊目はジョエル・バーカーの『パラダイムの魔力（*Paradigms*）』（邦訳、日経BP出版センター）。心の変化でいかに現実が変わるかを書いた本だ。そして二冊目はエイドリアン・スライウォツキーの『プロフィット・パターン（*Profit Patterns*）』。これは『パラダイムの魔力』とほぼ同じ考え方を利益モデルに当てはめたものだ。二週間で読みなさい。量的にはこれで十分だろう」

スティーブは本の題名をメモした。「他に宿題はありますか？」

「もちろんだとも。販売後利益ビジネスの典型的な例を五つ挙げること。友人に訊いてもいっこうにかまわない。質問の意図さえきちんと説明できるなら文句はない」

オフィスを出ようとしていたスティーブが、立ち止まってチャオを振り返った。「この種の典型的な事業は、上場されていれば格好の投資対象になると思うんですが、いかがですか？」

すでに机に向かって書き物を始めていたチャオが横目で彼を見上げた。おやおや、どうやらバフェットに感化されたらしいな。黙っているか、何か答えるべきか、うなずくだけでやりすごすか、曖昧に笑ってごまかすか——。チャオは迷っていた。

「君がそんなことを訊くとは思わなかった。投資するときは、よほど注意深く考えてからにすることだね」

「もちろんです」

「それだけだ」

スティーブはチャオの口調に含まれたニュアンスを汲み取った。

「憶えておきなさい。優れたアイディアとその見事な適用のあいだのどこかに、巨額な損失が生じる落とし穴があるものだ。重要なのは見事な適用ともうひとつ——」

「もうひとつ？」

「投資家になるつもりなら、顧客との対話が重要だ。マネジャーにとって顧客との対話が大事なのと同じくらいに。ほとんどろくに対話がないというのが実状だがね」

「それはなぜですか？」

「理由は二つある。ひとつは人々が間違った問いから始めるからだ。彼らは自分は何を知る必要があるかという問いから始める」

「何と訊ねるべきなんでしょう？」

「自分が知りたくないと思っていること、知るのを恐れていることは何か、と訊くべきだ。こうした問いかけが、自分たちのビジネスデザインがもはや時代遅れで、投資計画も思っているほど素晴らしいものではないと教えてくれる。それに耳を傾けるのはずいぶん勇気がいるがね。

　二つ目の理由は知覚力不足だ。人はありのままに物事を見ようとはしない。自分が見たいように見るものだ。『パラダイムの魔力』を読むときはこの点を念頭に置いておくように。今度会うとき、君は物事をどう見ていたか話してほしい。ではスティーブ、また二週間後に会おう」

19

真っ先に波を乗り換えよ——新製品利益モデル

三月二二日。スティーブはいつもの場所に座っていた。珍しく時間になっても姿を現さないチャオを待ちながら、そわそわと落ち着きなく机を指で叩き続けていた。

チャオは遅刻したわけではなかった。オフィスの外にあるファイル・キャビネットの後ろから半開きの扉越しに室内を覗いていた。スティーブはどうしようもないイライラに襲われているように見えた。

これではいきなり難しい話を始めるわけにはいかないな、とチャオは思った。

チャオがオフィスに入ってきたときは、スティーブは席を立って窓辺に立ち、遥か遠くの自由の女神像を見つめながら右手で髪をかき上げていた。チャオは彼に近づくと肩に静かに手を乗せた。

スティーブはびっくりして振り向いた。

「何があったのか、話してごらん」とチャオは言った。

「何のこと……」

スティーブは終わりまで言わずに言葉を呑みこんだ。チャオには何ひとつ隠し事はできないことが改めてわかった。彼は苦笑しながら言った。「あなたは何者なんです？　まるで脈をとっただけで悪いところがわかる中国の医者みたいですね」

チャオは静かに質問を繰り返した。「話してごらん」

スティーブはため息をついた。「昨日のプレゼンテーションのことです。僕たちは航空機部品部門の連中相手に仕事をしていました。ところが、テロリストや他の侵入者を防止するためのコックピット用セキュリティ・プログラムのことで意見が衝突しました。僕たちはこのプログラムを新しいビジネスの目玉にしようと思っていたんです。デルモアで荷物室や客室、空港のセキュリティ・チェック、コックピット管理等々、航空機全体の完璧な統合セキュリティ・システムを確立しようと提案しました。キャシーと僕がこのアイディアの骨子をまとめ、プレゼンテーションは主に僕が行ないました。

楽勝だと思っていたんですが、結果は惨敗でした。最後の二つの質問に僕は動揺しました。何と答えていいのか見当がつかずしどろもどろになり、最終的に完全に失敗したとわかりました。途中でキャシーが助け舟を出してくれましたが、納得してもらえるだけの丁寧な説明はできませんでした。正直言って、僕たちの仕事は何の役にも立たなかったんです。彼らの表情がそれを物語っていました」

チャオは同情を込めてうなずいた。「あり得ることだな。君はその質問について再度考え直してみたかな？」

「そこが一番悔しいところです。ここへ来る地下鉄の中で考えていたとき、どう答えるべきだったかがはっきりわかったんです。ちょっと考えただけで、なぜこんな当然のことがわからなかったのかと思うほどでした」

スティーブは声を荒げ、自己嫌悪に苛まれているようだった。

二〇年前、チャオもスティーブと同じような苦い目にあい、しばらく立ち直れなかった経験があった。

チャオは向かい側に座ると引き出しから白い紙を何枚か取り出し、スティーブに手渡した。

「そこに昨日、君が受けた二つの質問を書いてみなさい」

忠告とも命令ともつかない、奇妙にきっぱりとした言い方だった。

スティーブは逆らえず、二つの質問を書いた。それを見てチャオが言った。

「これから三〇分あげるから、今度は君が地下鉄に乗っていて思いついた答えを書きなさい。私は時間がくるまで席をはずすことにしよう」

スティーブはすぐに書き始めた。チャオは腕時計をはずすとスティーブの目の前に置き、部屋を出ていった。時間は八時三五分だった。

九時になった。チャオは満面の笑みを浮かべて戻ってきた。「そこまでだ」手に持っていたトレイにはベーグルとオレンジジュースのカップが二つずつ、それにポットに入ったコーヒーが載っていた。

スティーブはペンを置き、書いた紙を指差しながら言った。「なかなかよく書けていると思いますよ」三枚の紙がスティーブの走り書きで埋まっていた。

「書き始めるまで何時間も考えることもよくあるのに上々だ。では、それを預かろう。あとから読んで感想をメールで送るよ」

「ありがとうございます。これから僕がどうするかわかりますか？　明日の朝、いま書いたことをメモにまとめて航空機部門の連中に送ろうと思うんです。『お問い合わせいただいた問題についてさらなる調査を行なったところ、以下の点が判明いたしました――』というような書き出しで。なんとか事態を好転させられそうな気がします」

「できるかもしれないな」とチャオも同意した。「まあ、とりあえずベーグルでも食べたらどうかね？」

スティーブはチャオの悪魔払いのおかげですっきりした気分になり、空腹を感じていた。彼は皿とジュースのカップを自分のほうに引き寄せ、自分の前にきちんと並べて待った。不思議な間が訪れた。

チャオが自分のベーグルにかぶりつくのを見て、スティーブも食べ始めた。

口の周りについたパンくずを拭ったチャオが口火を切った。「さてと、販売後利益モデルの例はどうなったかな？」

スティーブは先週の宿題のことをほとんど忘れかけていたが、慌ててジャケットのポケットから紙を引っ張り出し、いくらか皺になった紙を広げてチャオの前に置いた。

チャオは折り皺の入った紙が好きだった。「バッハが自分の書いた楽譜をランチの包み紙にしてしまったという話は知っているかい？　皺くちゃの紙には重要なことが書いてあると昔から相場が決まってるんだ」

紙には五つの適用例が書かれていた。チャオはじっと見つめ、眉をしかめた。最初の二つに疑問の余地はまったくなかったが、あとの三つには問題があり、うちひとつは完全に間違っていた。チャオは内心がっかりしたが、そんな素振りはおくびにも出さなかった。

いまは生徒を追いつめる時期ではない——。彼は紙を折り畳むとシャツのポケットにしまった。

「ご苦労さま。忙しいのに宿題を忘れずにいてくれてありがとう」

スティーブは驚いた。やるべきことをやって「ありがとう」と言われるとは思ってもみなかったからだ。だが言われてみると、なんとなく気分がよかった。

「今日はあまり時間がないから、このリストについては航空機プロジェクトの件と一緒にメールで送ることにしよう。さて、今日説明する〈新製品利益モデル〉はなかなか手強い相手だぞ。たいていは時間利益モデルや専門品利益モデルと混同されてしまう。図にすると——」チャオは縦軸と横軸とS字曲線を描いた。

「市場がゴールドラッシュを迎えたとき、底のほうで利益の爆発が起きる。利益率は高く、販売量は急増する。二つを掛け合わせれば利益の大海原が広がるというわけだ。いわばプロフィット・ゼロゾーンの正反対をいくスーパー・プロフィット・ゾーンだ。

新製品利益はいわば心理学そのものだ。人々は新製品のゴールドラッシュに夢中になりすぎて、三年後を考えようとしなくなる。パラボラ曲線の先のほうで何が起こるかを考えようとしなくなるんだ」

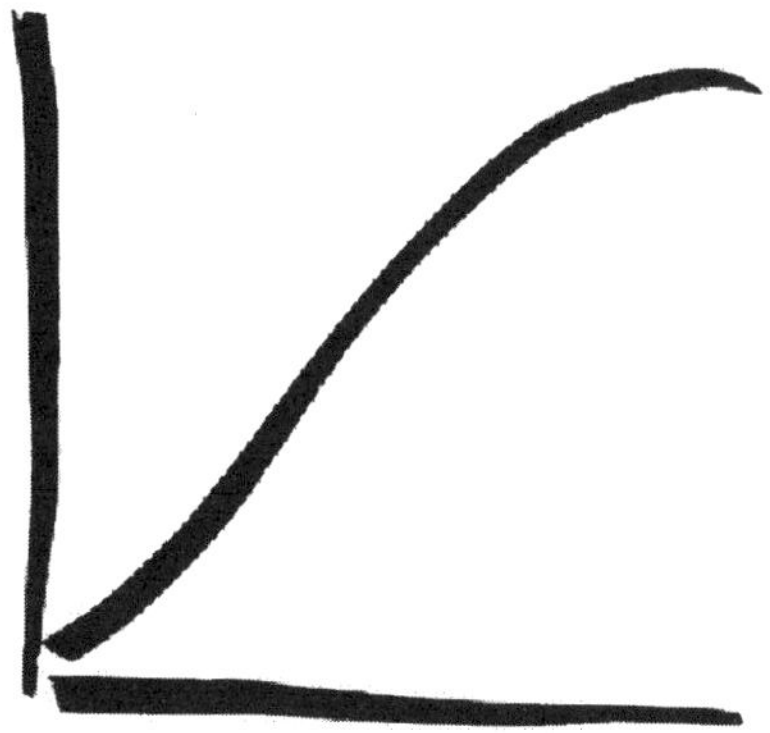

「パラボラですか？　S字曲線だと思っていました」

「たしかにそうだが、その最初の派生物を考えなければならない」

「最初の派生物？」スティーブは戸惑った。

「S字曲線は量を表している。では、その業界の総利益を表すとしたらどんな曲線になるかね？　描いてみなさい」

不意を衝かれてスティーブは緊張した。つかの間、昨日のプレゼンテーションに逆戻りしたような気がした。

チャオは即座に緊張感を察知し、スティーブからペンを取り上げると、昔話を始めた。

「いま描かなくてもいいから、この話を聞きなさい。三〇年以上前のことだ。私はある化学会社で働いていたとき、顧客の話を聞くためにシンガポールに派遣された。先方で案内役を務めてくれたのはマーケティング・マネジャーのジョージ・ホ

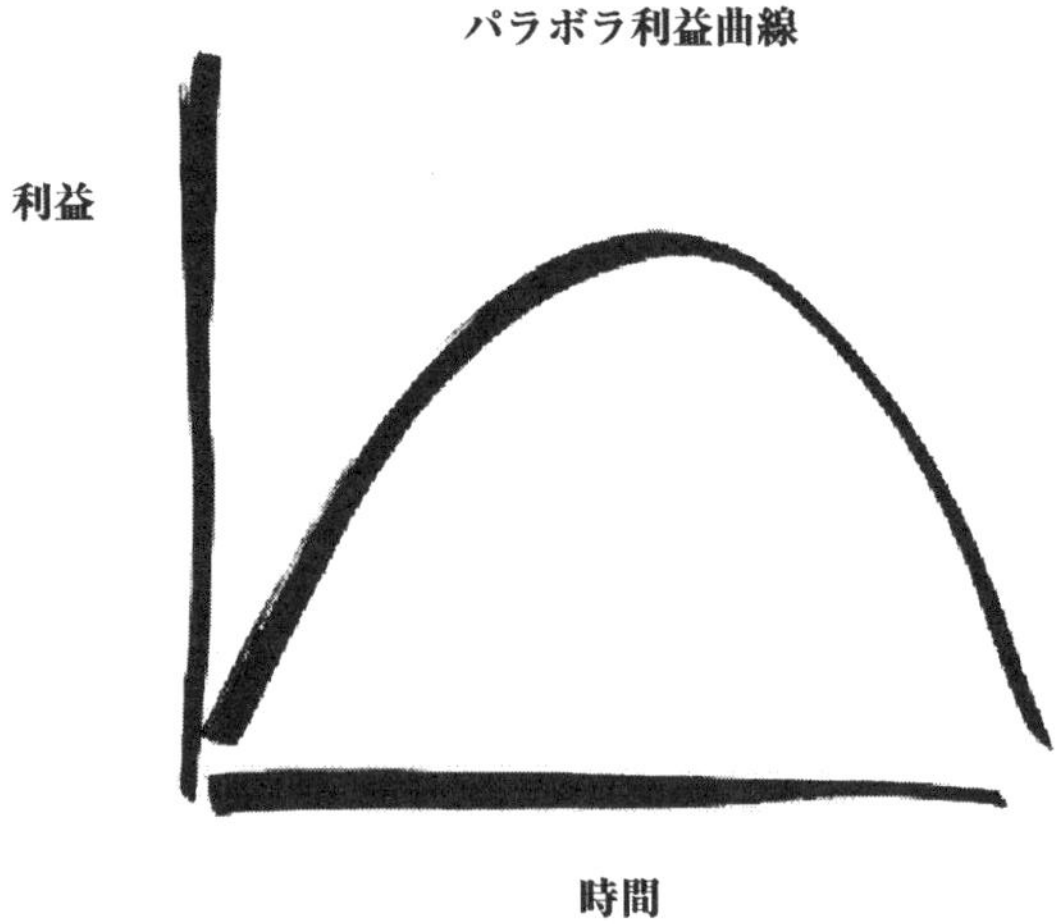

ーキンズだった。ある豪華な夕食の席で、ジョージは少し酔っ払って、得意の話題のひとつ、マーケティング曲線の話を持ち出してきた」

「マーケティング曲線ですか？　初耳です」

「誰だって初耳だよ。ジョージのネーミングは完全に的外れだったが、暴れ馬でも彼に名前を変えさせることはできなかっただろう。彼は紙ナプキンの上にこういう三本の線を描いた」

チャオは鉛筆を取ると、黄色いリーガルパッドに三本の線を描いた。「彼のつけた名前はこの際却下して、正しい題をつけておこう」チャオは図の上にきれいな字で「パラボラ利益曲線」と書いた。

「この図は普遍的な真実を示している。人々はこれを信じないがゆえに多くの損失に見舞われ、これに反する選択を行なう——これがジョージの一貫した主張だった。彼の説は、どんな市場でも、全プレイヤーが稼ぐ総利益は、初め上昇し、ピークを打ち、下降し、最後はゼロになるというきわめてシンプルなものだった。

彼はたいがいの人はこの説を信じないと言ったが、その通りだ。私もその一人だった。私は即刻彼の考え方を否定した。あまりにも悲観的で暗い見解だったから、とっさに拒否反応を起こしたんだ。真面目に考え直してみようと思ったのは一〇年も経ってからだった。

だが、そのあいだも彼の説を頭の中から追い出すことはできなかった。とりわけ、ビジネスの世界に存在するなにか大きなスケールの連続性を感じ始めてからは、ことあるごとに蘇ってきた」

「たとえば?」スティーブが訊ねた。

「そう、たとえばラジオやテレビ、ビデオデッキ、ウォークマン。あるいは、デスクトップやラップトップのパソコン、サーバー。自動車ならセダン、ミニバン、スポーツ・ユーティリティ・ビークル。ファックスやプリンタ、コピー機などだ。こうした製品の一つひとつがたどってきた道がジョージの曲線の正しさを物語っていた」

スティーブはチャオの話をひと言も聞き漏らさないようにしてきたが、今回は最初に出てきた例に注意を奪われていた。ラジオ、テレビ、ビデオデッキ、ウォークマン。一連の製品は去年の一〇月に勉強した初期のカラーテレビ業界に関する記憶を呼び戻した。当初、市場には何百もの企業が参入したが、その数は急減し、一〇社しか残らなかったという。

「ちょっといいですか?」スティーブは黄色いリーガルパッドを自分のほうに引き寄せた。

「いいとも」

スティーブは鉛筆を持つと、チャオの描いた図に三つの言葉を書き込んだ。パラボラの左端には

「ゴールドラッシュ」、一番上には「山頂」、下降した曲線が横軸にぶつかるところには「プロフィット・ゼロゾーン」。

チャオは笑った。「なるほど、それで？」

スティーブは考えながら説明した。「問題は左半分の上向きのスロープ、つまりゴールドラッシュの部分です。どんぐりの背比べのような弱いメーカーが、顧客の強力なニーズだけで利益が発生するこのゾーンにいったん足を踏み入れると、戦略的な経営方法を冷静に考えることができない心理状態に陥ります。全社あげて製品作りに忙殺され、より大きな展望に基づいて行動する時間などなくなるというわけです」

「その通りだ」

「ジョージには解決策があったんでしょうか？」

「その点はよくわからない。はっきり言えるのは、彼は極端に粗野で現実的な男だったということだ。許容範囲すれすれのね」

「彼はどんなことを言っていました？」

「そうだな。ジョージの第一の法則は現実を認めるということだった。つまりパラボラ曲線は現実であり、ビジネスは実際にこの道をたどると認めることだ。彼はここが間違いなく最も難しいステップだと信じていた。二五歳の若者が、いつかは自分も年老いて、関節炎にかかり、物忘れがひどくなり、頭も禿げて、そのうえ――ジョージなら声高に言うだろうが――インポテンツになると認めるのと同じくらい難しいことだ、とね」

スティーブは不愉快そうに身じろぎした。

「それだよ。それがまさにジョージなんだ。彼は常に人を不愉快にさせようとしていた。それが人のためになると思っていたんだ」

チャオは話を続けた。「いったんパラボラ利益曲線を認めることができれば、地に足の着いた経営ができ、パラボラ上でビジネスを戦略的に舵取りすることもできる。戦略的経営のためには二つの明快なルールに従う必要がある。パラボラの左側では他社の三倍の投資を行ない、右側では三分の一に抑えるということだ。

左側でなによりも大切なのは顧客のマインドシェアを獲得することだ。自社の製品が新しいカテゴリーのナンバーワンだと顧客に認知されるように、容赦なく商品を流し、宣伝し、工場を建て、サプライヤーと契約を締結する。

その一方で、ピークに近づいていることを示すどんな兆候も見落とさないように目を光らせる。そして、四半期ごとの成長率や価格の変化、顧客の興奮度や倦怠度を他社より先に察知しなければならない」

「その目的は何ですか?」

「ピークに到達する一年ほど前から投資比率を転換し始めるためだ。市場から撤退するわけではない。そこを間違わないように。パラボラの反対側に入ったときにも、キャッシュフローを最大に保ち、リスクを最小化できるように管理するんだ。

ここで、ジョージは専用の工場ではなく、あとで生産力を縮小したときに使いまわしがきく柔軟な工場の建設に着手した。その頃になってもゲームに参加しようとする遅刻組はどこかに必ずいるもので、彼は専用工場をそういう相手に売り払うチャンスを狙った。工場を売却することで、不必要な生産能力の増加を防ぎ、生産過剰に陥る時期を九カ月から一年遅らせて、製品価格を安定させられる。そうやって彼は、自分は模範的な企業市民として振る舞っているという手応えも感じていたんだ。

重要なのは、ジョージは事態が悪化したときに最良のポジションにつくことを目指しているという点だ。彼はこの時点で宣伝活動から撤退することができる。初期の宣伝で、顧客には製品が十分に知れ渡っているからね。生産能力はその時点で実際に必要なサイズより小さくなっているが、どんな時期にも必ず存在する一部の良質な顧客だけを残し、あとはふるい落とせばいい。なによりも重要なのは、次の波がきたら真っ先に飛び乗れる場所にいて、ビッグになるチャンスを見逃さないということだ」

「つまり、他社の利益がどんどん小さくなるのを横目で見ながら、自分はしっかり利益を確保できるというわけですね」

「その通りだ」

「彼はたしかに粗野かもしれませんが非常に頭がいいんですね」とスティーブは感想を述べた。

「必ずしもそうとも言えないがね。彼は二度ほど手痛い失敗をしたあと、その教訓を活かして私が知る限り最高の新製品利益モデルの実践者になった。そして、いまも活躍している」

「えっ？　三〇年前に一緒に仕事をしていた方でしょう？」

チャオは笑いながら言った。「そうとも。あのとき彼は二六歳だったがね。彼はいまもまったく変わっていない。三〇年分賢くなっただけだ。彼はパラボラの扱いにかけては実に冷静だ。みんなが市場熱に浮かされていても、ヤツの血管にだけは氷水が流れている。膨大な時間をかけて、ピークを示唆する兆候を早い時期に探しあてる。それに素晴らしい記録を持っていて、自分の実績に誇りを持っている。ここ二回ほど、私のもとに業界全体と自分の実績を示すグラフを送ってきた。資産運用者がスタンダード&プアーズ五〇〇銘柄に照らして自分の運用実績を示すようなものだ」

「なるほどこれは専門品利益モデルとはまったく違うようですね」

「そうだろう」

「でも、時間利益モデルとは似ているようです」

「たしかに。しかし、同じかね?」

「よくわかりません」

「考えてごらん。少し休憩して、九時半になったら再開しよう。そこで時間利益、新製品利益、専門品利益、このいとこ同士の三モデルの違いを話してもらうとしよう」

九時半。チャオは自分の席に戻った。スティーブはまだ窓辺を行ったり来たりしていたが、神経質に落ち着きなく歩き回っていたわけではない。力強い歩き方だった。九〇分前に比べると、かなり自信を取り戻しているように見えた。

スティーブは少し趣向を変えてみようと思った。何も言わず席に戻ると、リーガルパッドを引き

	時間利益モデル	新製品利益モデル	専門品利益モデル
サイクル	24カ月	60カ月	120カ月
必要な能力	スピード	資源のシフト	選択
たとえ	レースカーの運転	サーフィン	地震観測
モットー	バックミラーに後続車が写ったらアクセルを踏め	最後の波から真っ先に降り、次の波を真っ先につかまえろ	最も豊かな油田を見つけろ——顧客のニーズと技術的な実現可能性があり、過当競争がない場所
例	半導体、家電、金融商品	自動車、コピー機	特殊化学製品、医薬品

寄せ、横向きに置いた。ペンを取り、キャップをはずし、黄色い紙の上で手を止め、チャオのほうから何か訊ねてくるのを待った。

チャオはその手には乗らなかった。

スティーブは心の中で舌打ちしたが、チャオとは目を合わせず、紙を見つめたまま、さらにたっぷり一分間気持ちを集中させ、やおらすごい勢いで書き始めた。

チャオはスティーブが次に何を書くのか予想しようとじっと見つめていた。すると、スティーブが書くほんの一瞬前に彼が書こうとする言葉が頭の中に浮かんでくることがわかった。これはもちろん予知能力などではなかった。相手の思考構造を正しく把握している証拠だった。

スティーブはペンにキャップをかぶせ、チャオとは目を合わせず机の脇を見ていた。ひと言も喋らずに。

「できました」ついにスティーブが言葉を発した。

スティーブは笑みさえ浮かべられないほど消耗していた。深く息を吸い込むと立ち上がってチャオと向かい合った。

チャオは手を伸ばしてきた。二人は握手を交わした。

「再来週また会おう。来週はイースター休暇で娘が帰ってくるんだよ」

「わかりました。ところでいま思い出したんですが、見ていただきたいものがあるんです」スティーブはチャオの机に丁寧に書いたリストを置いた。「僕なりに、これまで教わった思考法と勉強法をまとめてみました。もし間違っていたら教えてください。では、来月五日にまた来ます」

スティーブが部屋を出ていった。彼は最後まで笑顔を見せなかった。チャオはリストを手にして読み始めた。

速算テクニック（富士山）
再読テクニック（ウォルトン）
フォルダー・テクニック（ブランド利益）
パラダイムのフィルターを除去するテクニック（『パラダイムの魔力』）
早期積み込みテクニック（ヤング）
疑問と目的をもって再読するテクニック（ウォルトン、シュルツ）

チャオはクスクス笑い出した。なかなか見事だ。彼は器用に指を動かし、リストを素早く折り畳んでいった。まもなく精巧な折り紙の鶴ができあがった。チャオは鶴をそっと本棚の上に飾った。次回はスティーブに折り紙のテクニックを披露してやるとしよう。

20

ビジネスにおける重力の法則——相対的市場シェア利益モデル

四月五日。スティーブは入ってくるなり勢い込んで話し始めた。「前回の授業以後、デルモアではいろんなことが起きました」

「私もマスコミを通じて多少は知っているが」

「航空機のセキュリティ・システムに関する発表をご覧になったんですね」スティーブは先を続けた。「驚かれましたか？　ウォールストリート・ジャーナル紙の記事が一番詳しかったようです。なんといっても、デルモア・エアロノーティクスが他社を退けてトップに立ったのは初めてですからね。ボーイング社が好意的なコメントを出してくれました。えーと、なんて言ってたかな——」

「もしデルモアがこの非常に意欲的なプログラムを提供できるなら、他の航空機セキュリティ・システムを考慮する必要性はまったくなくなるだろう」チャオが引用した。

「その通りです！　お読みになってたんですね！」スティーブは嬉しくて仕方がないというふうに叫んだ。「もちろん、全体プランはボーイング社と手に手を取って開発したものです。古典的な顧客ソリューション方式です」

「違いない。コメントの中の『もし』がきわめて大きいがね」

「もしデルモアが提供できるなら、というくだりですね。当然、それが重要です。でも、正直なところ、それほど心配はしていません。重要なのはプログラムとプロセスの開発で、テクノロジー自体は手に負えないほどではありません。それに、航空部門の連中は実際かなり優秀ですし、これまでもそうでした。彼らの問題は、とにかく低価格で航空機部品を製造することだけを考え、常に受身で行動してきたことにあります。しかしいまや、航空機メーカーのパートナーとしてシステム全体を構築する方向で考えるべき時期がやってきているんです」

「どこか自動車部品のメーカーであるジョンソン・コントロールズに似ているようだね」

「ええ。自動車と航空機だけの違いで、デルモアはジョンソンのモデルを踏襲しようとしています。ジョンソンは自動車の部品生産から、ダッシュボードや座席を含むコックピット全体のアセンブリーへと展開していきましたが、どうやったかはわかっています。デルモアはセキュリティ・システムをとっかかりにして、航空機ビジネスの世界でジョンソンの後を追うことになるでしょう」

「ジョンソン・コントロールズと同じような収益性を確保できれば、デルモアはもっと力をつけていくだろうね」

「ええ。株価もぐんと上がると思います」

「ところで、先ほどいろんなことがあったと言っていたようだが、他に何が起きたのかね？」

「えーと、他はそれほど驚くようなことではないんですが、キャシーに製紙部門の戦略プログラムのリーダーを命じられました」

「航空機ビジネスに比べると地味だというんだね」

「たしかにそうなんです。ゆっくりとしか成長しないコモディティティ・ビジネスです。古いテクノロジーで、価格だけで勝負する世界です。ほとんど未来はありません」と言ってスティーブは笑った。

「でも、だからこそ面白いと思ったんです。この分野で、もしも素晴らしいアイディアを思いついたらそれこそ天才ですからね」

チャオも笑った。「難しいことじゃない。ひとつずつステップを踏んでいけばいいんだ」

「僕の伝えたかったニュースはこれぐらいです」スティーブが締めくくった。

「今日のテーマは何ですか？　数えてみたら残るはあと四つですね。さっそく今日のを教えてください」

「〈相対的市場シェア（ＲＭＳ）利益モデル〉だ」

「相対的市場シェア？」スティーブはおうむ返しに訊ねた。「よく聞く言葉ですよね？」

「そうだ。だが、みんなが思っている以上に深いものがある。いいかね、スティーブ」チャオは話し始めた。「相対的市場シェアの発見はニュートンの重力の発見のようなものだ。非常に多くの事柄を説明し、予測することができるという意味でね」チャオは三本の線を書き、文字を書き込んで、図をスティーブに向けた。

「一九七〇年代に現れたすべての新しいデータがそれを実証した。

一番重要なのは、ＲＭＳが規範的だという点だ。ＲＭＳは何をすべきかを教えてくれる。勝つために投資し、できるだけ優位に立てとね。そして失敗したら、合理化して出血を止めるか、さもな

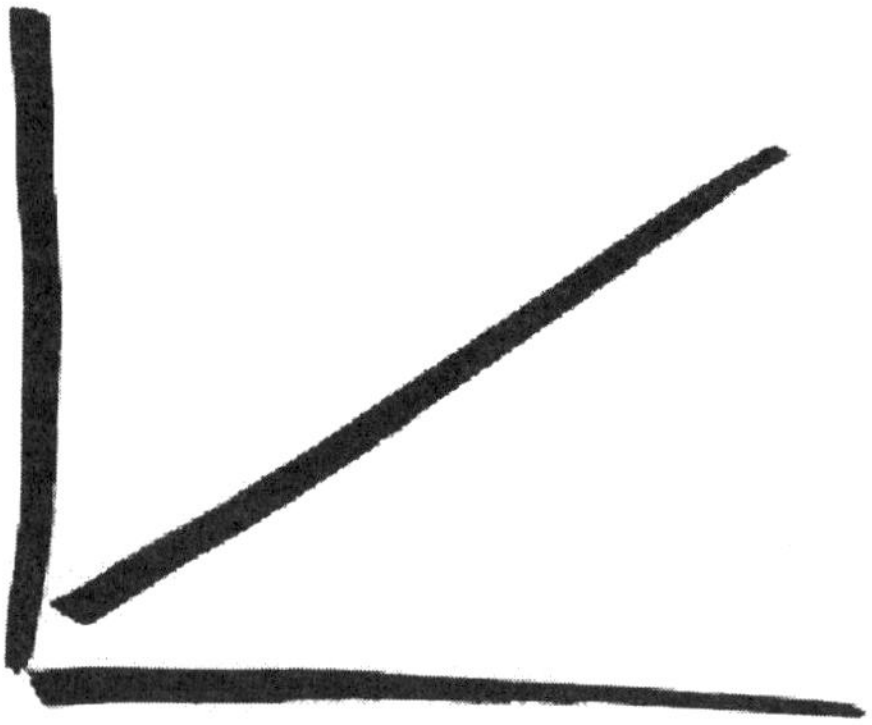

ければ完全に撤退するかだ。

ＲＭＳは六〇年代に発見されたが、完全に定着したのは七〇年代初頭だった。八〇年代初頭にはジャック・ウェルチが実践したことで絶頂期を迎えた。彼は最高にアグレッシブで、粘り強く、骨身を惜しまない思慮深い実践者だった。

ほとんど知られていないが、この世界のイノベーターはボストン・コンサルティングの創業者ブルース・ヘンダーソンだ。いわばビジネス戦略版アイザック・ニュートンだな。だが、彼は自分で始めたことを完成させることなく、道をそれて生物学とダーウィニズムに傾倒していったため、のちに登場した戦略論の大家マイケル・ポーターの陰に隠れて忘れられてしまった。ポーターが残った部分を完成し、実用可能なメソッドをビジネス界に提供した。

しかし、この考え方の知的基盤はすべて相対的市場シェアにあった。重力と同じで、それは物事を説明することができ、機能し、測定することができる。これをもとに先を予想することもできる。古典的な戦略の基礎となったことに不思議はないんだよ」

チャオは自分ばかり喋っているのに気づいて話を止めた。授業も最終回に近づいているというのに、これではダメだ。スティーブにも喋らせなければ。

「RMSが機能する理由はどこにあると思うかね？」

沈黙。スティーブは懸命に考えていた。

チャオがまた口を開いた。「最も重要な理由は？」

スティーブはまたもや必死で考えた。「製造における規模の経済性です。当時、それがコストを左右する最大の要因でした」

「他には？」

「それに関連しますが、購買における優位性です。最も力のある企業が最も低い価格で材料を購入することができます」

「どの程度重要だったと思うかね？　つまり、総コストに占める原材料コストの割合は？」

「おそらく三〇％から七〇％。かなり大きいと思います」

チャオはうなずいた。「他には？」

「最も力のある企業はマーケティングや宣伝活動でも優位に立ちます。どこよりも大量に資源を投入できるうえに、製品一個当たりのコストは最も低くなります。ユニット当たりのマーケティング費も広告費も一番低くなるわけです。製造分野だけでなくマーケティング分野でも規模の経済性が確立されるのです」

「もうないかな？」

　スティーブは徐々にこの問題に慣れてきた。「いえ、あります。最も力のある企業はユニット当たりの間接費と研究開発費が最も低くなります。どこよりも多くの製品にコストを振り分けることができるからです」

　とりあえず考えつくことはすべて言い終え、スティーブは口を閉ざした。

「つまり」とチャオが言った。「実に単純な算術、規模の算術ということだね」

「はい」

「それだけかな？」

「だいたいそんなところです」スティーブは思い切って言った。

「これ以外には？　算術の域を超えて他に何か思いつくことは？」

　スティーブはかつてＲＭＳに成功した典型的な企業を思い巡らしてみた。ＧＭ、ＩＢＭ、ＧＥ。

「研究開発分野についてですが、ユニット当たりのコストが低く抑えられるだけでなく、業界屈指の技術者を呼び寄せることもできます。優秀な技術者ほど、市場をリードする最高のラボと最高の予算を持つ企業で仕事をしたいと考えるからです。つまり、自己増幅作用を持つ上昇スパイラルが形成され、成功が次の成功を呼ぶというわけです」

「そうした効果は研究開発部門に限ったことだろうか？」

「いえ、よく考えてみると、市場シェアのリーダーという地位は最高の経営手腕を持つ人材をも強く引きつけました。優れた人材は誰もがＵＳスチールやＧＭ、ＩＢＭ、シアーズに入りたいと思っていました」

「いまはどうかな？」

「いま人気があるのは、株価の潜在成長力が最も高い企業です」

「よろしい。話を昔に戻そう。君がいままでに挙げたのは、製造部門の規模の経済性、大量仕入れによる購買力、ユニット当たりの製造コストや間接費や研究開発費の低さ、そして最良の人材が引きつけられる効果ということだったね。他にはどうだろう？」

スティーブは眉間に皺を寄せて考え込んだ。何かあるだろうか？　まだ何か見落としているのだろうか？

何分か過ぎた。

「そうだ、ちょっと待ってください」スティーブが不意に声をあげた。「キャッシュフローが最大になるので、資金がものを言う分野では大量の資金を投入して市場から競合を駆逐することができます」

「それで？」

「それで――」スティーブはふいに授業で聞いた利益の変動性に関する話を思い出した。一九七〇年代、ＧＭの利益変動性は最も小さく、フォードはそこそこのレベル、クライスラーは非常に大きかった。景気後退期に入ると、ＧＭは多少の利益を出し、フォードは収支トントン、クライスラーは大赤字を出した。「シェアの大きいリーダー企業は、利益変動性というリスクが最も小さい！」

「よろしい。利益変動性以外のリスクについてはどうかな?」

「リーダーのリスクは間違いなく最小限に抑えられます。常に先手を打って市場を計画的にコントロールできます。他社は受身にならざるを得ませんから、優位な立場に立って戦いに臨めます」

「今日、そういう立場を確保しているのは?」

「分野によって異なりますが、いくつかの業界では、従来の市場シェア・リーダーではなく価値《バリュー》連鎖《チェーン》リーダーが強いようです。バリュー・チェーンの最も重要な部分で最強のポジションを確保している企業です」

「よろしい。他には?」

スティーブは一瞬考えただけで答えた。「デファクト・スタンダードの所有者」

「その通りだ。そのようなプレイヤーたちは、かつて市場シェアのリーダーたちが持っていたのと同じような力を持っている」

スティーブはすべて出し切った感じがしていた。いまだかつて市場シェアについてこれほど徹底して考えたことはなかった。

「RMSが現在でも重要だとすれば、それはどんな分野で、どんな理由からなんでしょう?」

「自分で考えてごらん」

「もちろんです。つまり、ニュートンのようなものです」スティーブはカレッジでの科学の授業のかすかな記憶を掘り起こしていた。「物理の古典的な法則はいまだに有効ですが、すべての現象を同じように支配しているわけではありません。研究の最前線では昔とは異なる法則や力や方程式の存在が認められています」

「そうだね」

「世界はかつて私たちが考えていたよりもずっと複雑になってきた――？」自分の考えを述べたというより、質問のような口調でスティーブが言った。

チャオはいたずらっぽい笑みを浮かべてうなずいた。「どうやらそうらしいね」

「とりわけ、最前線ではいっそうその複雑さの度合いが深まっています」

「まさにそうだ」

「新しい法則を表す、何か使いやすくてコンパクトな公式はないんでしょうか？」

「いい質問だ。答えは、ノー、まだない。いまは移行期だ。だからこそさまざまな利益モデルを学び、十分に違いを理解したうえで、それらのモデルを生産的に適用する方法を考えなければならないんだ。

ニュートンの法則はシンプルだ。しかし、だからといってその発見に天才は必要なかったということにはならない。重力の法則は地球全体に機能する法則だ。利益の古典的な法則も同様にシンプルだ。利益は相対的市場シェアの関数だ。ＲＭＳが大きければ利益も大きくなる。だが今日、利益は時間、場所、提供条件、さらにはローカルＲＭＳといったさまざまな変数の関数になっている。できるならすべてに通用する統一理論を示したいところだが、私にはできない。私たちは心臓科医や神経学者、物理学者や生化学者のように、多くの異なる事実やモデルを学び、現実を正確に読み取り、利益を生み出さなければならないんだ」

「物理学の世界と同じです。彼らもすべてに通用する統一理論を作り上げようと奮闘していますからね」

「そうらしいね」チャオはしばらく間を取ると先を続けた。

「利益というのは、モデルや方程式というよりも考え方だ。物理学が物質のエネルギーについて教えてくれるように、利益は経済のエネルギーを教えてくれる。利益がないということはエネルギーがないということだ。未来を戦う能力もなければ、未来を作り上げる能力もないということだ。収益性を追求するとは、高い利益はどこでどのように発生するかを常に問いかけながら、考えを日々変えていくことなんだ。

トヨタ生産方式を生み出した大野耐一は常々、『なぜ?』を五回繰り返せと言っていた。五回目に初めて本当の答えに近づくことができるとね。収益性も同じだ。『利益はどこでどのように発生するか?』と五回問うてみる。五回目になってようやく答えに少し近づくことができるだろう」

スティーブはため息をついた。「すごく疲れそうですね」

「いや、難問に取り組むようなつもりでいるから疲れるんだ。嫌な作業だと思ったら、君が言うように消耗し、挫折感を味わい、意欲を失ってしまう。誰が好き好んでそんなことをやるかね?」

「つまり、遊びのつもりでやれと?」

「そう、遊びだ。探偵ごっこや暗号解読のつもりで、考古学者や科学者になったつもりで楽しむんだ」

スティーブに疲れが窺《うかが》えた。デルモアでのここ二週間の高揚感が、この一時間で底をついたようだった。数日の休暇が必要かもしれない。多くの知識を吸収しようとするメンタルな努力が突如限界を超えてしまったようだ。もうこれ以上一滴も水を吸収できなくなったスポンジのようなものだった。

チャオはスティーブを励まそうとした。「とはいえ、私たちはもう二〇も利益モデルを見てきたんだよ。残るは三つだけだ」

「ええ。でも二三のモデルを勉強しても、すべてのケースを網羅することにはならないとおっしゃいましたよね」

「たしかに。現実的に考えればそうとも言える。しかし、二三の原則や仕組みや論点を押さえていれば、まだプロファイルしていないケースに出会ってもどれかを適用することができる」

「次はどんなモデルですか?」

「〈経験曲線利益モデル〉だ。経験曲線のことは知っているかね?」

「ええ、ほんの少しなら」

「それで十分だ。おかしな話なんだが、いまのビジネススクールで経験曲線に割かれるのはカリキュラム全体の一%ぐらいだ。一九七〇年代にはビジネス戦略の六〇%に使われていた考え方なのに」

「いまでも有効なんですか?」

「しかるべき状況でなら、ほとんど否定しようがない。詳しくは来週に」

スティーブがオフィスを一歩出たところでチャオが呼び止めた。

「スティーブ、渡すのを忘れていた」チャオは二〇枚ほどの用紙を挟んだ青いバインダーを渡した。

「これはある会社の実態を表す数字と説明だ。一番上の紙の指示に従って、経験の蓄積と業績の関係という観点から、この会社を分析してみなさい。遊んでみるんだ」

スティーブは気が滅入った。「でも、今週はやらなければならないことが山ほどあって」

チャオは少し考えてから言った。「それでは次回は二週間後にしよう。一九日に来なさい」

スティーブは渋々承諾した。楽になったような気もしたが、ほんの少しだけだった。

過重な負担をかけたことがチャオにはわかっていた。彼は迷った。今日はいいことにしてバインダーを取り戻そうかと、スティーブを見つめて考えていた。

いや、大丈夫そうだな。そう思ってチャオはそのまま彼を帰らせた。

それでもチャオははたして自分の判断は正しかったのかと、それから一時間半も思い悩んでいた。

21

学習の累積がもたらす知恵
——経験曲線利益モデル

四月一九日。スティーブはきっちり時間通りに現れた。目は充血してしょぼしょぼしていたが、どこか得意げだった。チャオが出した青いバインダーの宿題は終えていた。それは、ある繊維工場の経営数値を解読するというものだった。彼は、その暗号解読に成功したと思っていた。ドサッと椅子に倒れ込みたかったが、なんとかもちこたえて静かに腰を下ろした。チャオは、彼をまっすぐ見つめていた。

「直接人件費はきっかり七五％まで下がっています」スティーブは話し始めた。

「ということは？」

「製造での経験が二倍になるごとに、コストが二五％削減されているということです」

チャオは何も言わず聞いていた。

「材料費はそこまではいきませんが、これに近いところまで削減され、八五％まで落ちます。エネルギー費も似たようなものです」

「それで？」

「経験の累積が二倍になるごとにコストは一五%削減されます」

「うまく回っている工場と言えるね」チャオが感想を述べた。

「ええ、そう言えると思います。ただし――」

「例外がある?」

「間接費だけは一四〇%に増えています」

「というと?」

「経験の累積が二倍になるごとに、間接費は四〇%増加しています」

チャオはヒューと口笛を吹いた。

「二重、三重、四重のチェックを行ないましたが結果は同じでした。経験の累積が二倍になるごとに間接費は四〇%増えています。コントロールできていないようです」

チャオは笑みを浮かべかけたが、何も言わずもう少し待ってみることにした。

「ここは売上二億ドルのデニム工場です。間接費はその一五%、約三〇〇〇万ドルですが、これを二二〇〇万ドル以下に抑えなければなりません。いまの利益は一〇〇〇万ドルなので、間接費をそこまで下げられれば利益はほぼ倍になります」

チャオはようやく笑顔を見せた。

「そうなるまでに一八カ月かかったよ。いま君が言った通りのレベルにできたんだ。工場のマネジャーたちも材料費とエネルギー費を削減する方法を見つけた。市場は横ばいで売上は二億ドルどまりだったが、利益は二四〇〇万ドルに増えた。繊維業界では破格の数字だよ。とりわけアメリカの繊維業界ではね」

スティーブは自分がデータを正しく解読していたことがわかり、ほっとして笑みを浮かべた。しかし、心の中では囁き声がしていた。「何か僕が見落としていることはありませんか？」と彼は訊ねた。

チャオは驚いたように眉を上げた。なかなか見上げた質問だと思ったが、そうは言わなかった。

「君はどう思うかね？」

スティーブはいま自分には問題がよく見えていると感じていた。そこで、目を上げて他の問題がないかどうか見渡してみるべきだと思った。

「あります」彼はきっぱりと言った。「四半期ごとのデータを追跡するためのシステムの導入、コスト・パフォーマンスに連動したインセンティブ、短期・中期・長期のコスト削減計画、こういったものの存在を示す証拠がまったく見つかりませんでした」

チャオは深呼吸して目を閉じ、この繊維工場での取り組みを始めた一九七八年のことを思い出していた。

「その手のことはすべてやった」

「結果は？」

「ビジネスは徐々に上向きになり、五年後の八三年に、工場の売上は二億二〇〇〇万ドルに達した。製品価格は着実に低下していったが、利益率は上がり続けて一五％に達し、利益は三三〇〇万ドルに達した」

「何か他にも変化が？」

「ああ。ライバル二社が市場から撤退し、私のクライアントは彼らの工場をおそろしく安い値段で買い取った。現在は三つの工場すべてが稼働しており、業界がさんざんな状態であるにもかかわらず一二％の利益率を出している。君が説明してくれたような連続性が鍵だったんだ。品質管理の第一人者であるエドワード・デミングなら目的の一貫性と呼ぶだろうがね。しかし、この会社の洞察力と姿勢の最初の突破口は、経験曲線という考え方を適用したところからもたらされた」

「今日ではあまり取り上げられない考えですね」

「そうだね。時代遅れだと思われている」

「でも、さまざまなビジネスで利益をもたらす有効な手段となり得る、というわけですね」

「その通りだ」とチャオが言った。

「そんないいものが、なぜあまり使われていないんでしょう？」

「答えはわかっているはずだ」

「これも利益のパラドックスのひとつですね」

「悲しいかな、その通りだ。理由はわからないが使われていないことだけは明らかだ。もっとも、経験曲線という考え方は非常に危険なものとなる可能性があることも、指摘しておかなくてはならない」

「どういう意味ですか？」

「それは君が説明しなさい――来週にも」

「やれやれ、わかりました。でも、難しい宿題を出されるなら、僕のほうでも訊きたいことがあります」

チャオは小さく驚いて眉を上げた。

「ひとつ、気になっていることがあるんです」スティーブが言った。

「ひとつだけかね?」チャオが笑った。

「いまのところは」スティーブも笑顔を見せた。

「言ってごらん」

「経験曲線利益と相対的市場シェア利益の違いです。両者とも市場で最も優位に立つことが目的ですよね?」

チャオは不意を衝かれて少し動揺したが、自分に問い直してみた。質問する生徒のほうがいいに決まっている。いい質問ならなおさらだ。出来の悪い生徒などというものはいない。いるのは出来の悪い教師だけだ。それを肝に銘じてみずからを戒めなければ——。

「よく訊いてくれた。一緒に違いを考えてみようじゃないか。事実、両方ともビッグになることを目指しているが、取り組まなければならないことが異なる。

コストが売上の七〇%に達する設備機器メーカーがあるとしよう。経験を活かしてライバル社より迅速にコストを削減できれば、勝利は確実だ。かたや、高級品に特化した消費財メーカーがあるとしよう。ここのコストは売上の二〇%だ。経験曲線を最大限に活用して、この二〇%を削減しても、それだけでは確実な勝利を収めることはできない。

仮にライバル社の倍の規模だったら、購入面で優位に立つことができる。間接費が大きくても数多く売ることでユニット当たりのコストは下げることができる。宣伝費、販売費、マーケティング費も同じだ。いずれも規模が問題であって、経験がものをいうわけではない。価格設定でも規模が小さい工場より優位に立つことができるが、これも経験とは関係がない」

「たしかにおっしゃる通りです。でも、それでも二つの利益モデルがオーバーラップしているように見えてしょうがないんです」

「たしかに、大きい企業ほど優位に立てるという意味では重なる部分はある」

「でも、その優位を確保できる理由が異なるわけですね」

「なぜだと思う?」チャオはその先を考えさせようと促した。

「片方は学習量でもう一方は規模です」スティーブは自分の答えに完全には納得していなかったが、正解に近づいていると感じていた。

チャオは笑いながらうなずいた。「簡潔であるのはいいことだ」

スティーブは立ち上がって帰りかけたがチャオが呼び止めた。

「まだ宿題の本のことを言っていないが」

スティーブの表情が曇った。彼は日々デルモアの仕事にどっぷり浸かっていた。できればチャオに執行猶予を与えてほしいと思っているのは明らかだった。

チャオにはスティーブの気持ちがわかっていたが、おかまいなしに話を続けた。

「ハーバード・ビジネス・レビュー誌に掲載されたピーター・F・ドラッカーの論文「企業永続の

理論（The Theory of Business）』（邦訳『DIAMONDハーバード・ビジネス』一九九五年一月号）を読みなさい。私の感想だが、彼はジョエル・バーカーの『パラダイムの魔力』に書かれたものと同じ現象を取り上げている。この点ではミシェル・フーコーの『言葉と物（*The Order of Things*）』（邦訳、新潮社）の分析が最も優れているが、読むのに一年はかかるだろう。とても短期間で読めるシロモノではないから今回はやめておこう」

「ご好意に感謝します」スティーブは皮肉っぽく言った。

「どうやらデルモアはいろいろと騒がしいようだね」口調は素っ気なかったが、チャオが同情してくれているのがわかって、スティーブは少し意外な感じがした。

「その後、デルモア・サプライはどうなったかね？」

「うまくいかなかったピラミッドのことですね？」スティーブは自嘲気味に訊き返した。

「うまくいかなかったのかね？」

「そうなんです。以前、警告してくださった通りのことが起こりました。建築資材部門の連中は製品ピラミッドというものが何を必要としているのか、本当には理解していなかったんです。僕にも責任があります。おそらく、製品の値段を吊り上げ、利幅を三倍にする方法というイメージを与えてしまったんでしょう。彼らはそのつもりで新製品ラインを考えています。そこが一番の問題だと思います」

「そう決めつけるのは早すぎないかね？」

「たしかに時期尚早ですが、我々の基本製品の売上はこの四半期で二〇％落ち込んでいます。ハイエンド製品の売上はその分を取り戻すほどは伸びていません。一〇ドルのバービー人形のようにファイアウォールとして機能する基盤が確立されていないんです。それどころか、うちの低コスト製品はいかにも安っぽくて質が悪そうに見えます」

「いまからでも立て直せると思うが」

「ええ。僕は今年の下半期中に立て直したいと思っています。この秋にも、新しいデザインの基本製品を展開する予定です。これは魅力的で競争力もある製品だと思います。ですから、まだ本物のピラミッドを構築する可能性は残されています。いずれにしろ、やるだけのことはやるつもりでいます」そして、スティーブは少し明るい口調でこう続けた。「でも、他の部門では明るい材料も見えてきました」

「ほう、たとえば？」

「航空機システム戦略は各方面から注目されています。あれから三つのメーカーが計画に参加させてくれと言ってきました。政府も業界の統一セキュリティ・スタンダードの開発を目指すコンソーシアム（異業種連合）を立ち上げるよう奨励しています。デルモアにとっては願ってもない突破口になるでしょう」

「デファクト・スタンダードだね？」

スティーブはうなずいた。「まさにそうです」

「製紙部門で何か新しい動きは？」

「あります。僕が今朝、疲れているように見えるのはそのせいなんです」

「同情を買おうとしても無駄だよ。それは君もよく知っているはずだ」

スティーブは目を白黒させたが、チャオは断固とした口調で言った。「スティーブ、働きすぎて倒れるのは愚の骨頂だよ」

「わかっています。おっしゃる通りです」スティーブは笑いながら言いかけたことを呑み込んだ。「とにかく、ここ二日間というもの、デルモア・パルプ&ペーパーのチームと一緒に、メリーランド州の大きな印刷工場でうちの製品がどのように使われているのか、夜昼徹して調査していたんです。印刷というのは、僕が考えていたよりも実際には遥かに複雑で興味深い仕事でした」

「実物の魚を観察したというわけだ」チャオは笑いながら言った。

スティーブは一瞬何のことかと思ったが、すぐに気づいてニヤッと笑った。「アガシの指示ですね。それで僕は得意先にもっと提供できるものがあるはずだと確信しました。つまり、製品を届ける以上のことができるはずだと。印刷工場の業績向上に貢献するサービスはいくらでもあります。それをうちが提供できれば、間違いなくサプライヤーとして選んでもらえるはずです」スティーブはあくびを噛み殺した。「それはいいのですが、従来のようなただのサプライヤーではなく顧客にとってのビジネスパートナーを目指すなら、やらなければならない仕事が山ほどあります」

チャオはうなずいた。「そういう事情なら、君にこれ以上負担をかけるのは忍びないが、もうひとつ必要なことがある」

スティーブは身を硬くした。まだ宿題を出すつもりなんだろうか?

しかし、彼はほとんど次の瞬間にはリラックスしていた。以前はこんなとき緊張したり体をこわばらせたりしたものだが、それはできるという自信がなかったゆえの反応だったのだ。

チャオは先を続けた。「顧客が変わり、利益モデルが変わり、その結果ビジネスデザインの転換を余儀なくされる。これはビジネスをしていくうえで最も厄介な瞬間だと言える。ぞっとする瞬間だ。これまでうまくやってきたのだから、何も変えたくない、動きたくないと思うのが人情だ。しかし、動かなければいずれ停滞するだろう。倒産するかもしれない。投資家が次の世代に賭け金を張ろうとしているときに、過去にとらわれているわけにはいかないんだ。実際、成功した過去のシステムにこだわればこだわるほど、明日の成功をもたらすシステムをイメージすることが難しくなる」

チャオは本棚からロリーポップ色の鮮やかな表紙の本を取り出し、スティーブに渡した。

「『価値の移動（*Value Migration*）』ですか？」

「ああ。古いビジネスモデルから新しいモデルへの市場価値の転換を扱った本だ。第二章と第五章、第一〇章を読みなさい。著者が何を言おうとしたか、真の問題は何か。二週間後に君の意見を聞かせてほしい。いいかね？」

スティーブはため息をつきながら笑った。「承知しました」

「ではまた」

22

速く動くより、早く着手せよ——低コスト・ビジネスデザイン利益モデル

五月三日。チャオは満面の笑みをたたえてスティーブを迎えた。「おはよう」

スティーブはいつもの席に着いた。「ずいぶんご機嫌がよさそうですね」

「当たり前だろう?」チャオが言い返した。

「私のお気に入りのデルモア株が、ついに上向きになったんだからね。今週は二・五ポイント上昇した」

スティーブは軽くお辞儀して言った。「ご存知のようで光栄です。喜んでいただけて僕も嬉しいです」

「業績回復はすべて君の功績かな?」チャオはからかうように言った。「まあ、他にも一人か二人は手を貸したのだろうが」

「いいえ、とんでもない」スティーブはすまして答えた。「私はデビッド・チャオ先生に利益の本質を学ばせていただいている一介の生徒にすぎません」

チャオはおやおやという表情で応えた。

「わかったわかった。では、ジャック・ウェルチ君、賢い君から前回の宿題の成果をうかがおうかな。経験曲線の危険性については解明できたかね？」

「おそらく」

「では聞こうか」

「こういうことだと思います。まず、経験曲線によるコスト・マネジメントを一〇〇％重視している企業があるとします。コストのあらゆる要素に集中し、長期にわたってユニット当たりのコストを記録し、経験の累積との相関を調べるといったことです。

　こうした企業は細かい部分一つひとつに非常に力を入れていますが、自分だけの思考様式や自分だけのシステムに縛られた大きな箱の中だけでビジネスを行なっているように思えます。彼らはひとつのことに徹底的に焦点を絞っていることは確かです。フォーカスは非常に素晴らしいことです。ただし——」

「ただし？」

「周囲の状況を見えなくしているという一点を除いて。自分を守ってくれる免疫システムを抹殺するようなものです」

「なるほど。フォーカスと周辺への視野というわけだ。では、その二つの関係は？」

「フォーカスと周辺への視野を合わせて一〇〇％になると思います。どちらかが多くなるともう片方が減ります」

「顕微鏡とレーダーの合体だね」チャオが言った。

「まさにそうです。両方の能力を持つ装置があるのだけれど、一方の能力を高めようとすれば、もう一方を犠牲にしなければならない仕組みになっているのです。顕微鏡の出力を最大にする、つまりフォーカスのほうを最大にすると、レーダーの能力はまったく失われてしまいます。逆にレーダーを最大にすれば、顕微鏡のほうはかすんでまったく焦点が合わなくなります」

「つまり、経験曲線の内包する危険とは？」

「顕微鏡の出力を最大にするようなもので、周辺視野がまったく失われる点です」

「で、レーダーの機能が失われるとどうなるかね？」

「二つのことが考えられます。深刻な打撃をこうむるのは、自社のビジネスが誰かの手で時代遅れにされてしまうときです。ビールや清涼飲料水の缶がスチールからアルミニウムに替わったり、アルミがプラスティックに替わったりする場合です。そんな例は挙げればきりがありません」

「きりがないというほどではないよ」チャオが異議を唱えた。「あと何回か授業があるのならリストを作るように言うところだ。折りを見て自分でリストを作っておきなさい。今日のところは話を先に進めよう」

「そこまで深刻でないもうひとつの影響は、他社がまったく新しいモデルを引っさげて登場し、同じ物を二〇％とか三〇％安く提供したときです。たとえば、製鉄のニューコア、サウスウェスト航空、デル、フォルモサ・プラスティックスなどです。この場合は一撃で致命傷をこうむるわけではありませんが、緩慢な死が訪れます。

すでに市場で成果を収めていた企業のほうは、現行のシステムという箱の中で熱心に細かく行き届いたコスト削減を目指しますが、箱の外から参入してきた他社が次の時代のシステムを導入するわけです」

「悪くない分析だ。他に例は？」

「あります。ウォルマート、保険会社のガイコ、ホームセンター大手のホーム・デポなどです」

チャオは納得したようだった。「それで君の結論は？」

「二つの組織が必要だということです」

「またかね？」とチャオが指摘した。

「その答えは販売後利益モデルのときと同じだが」

「これには確かな根拠があります。どうしても二つの組織が必要なんです。経験曲線の達人的組織とまったくの白紙状態で自由に活躍する組織のような。現在の力を最大限発揮しながら、同時に未来のための大きな保険を購入しておくことが必要なんです」

「その場合、市場シェアについてはどう考えればいいかね？」

「〈低コスト・ビジネスデザイン〉であれば、巨大な市場シェアがなくても大きな利益を生み出すことができます。極端な低コストを継続できる限り、大きな利益を確保できます」

「ということは、市場シェアはまったく問題にならないと？」チャオが突っ込んで訊ねた。

「いいえ、関係ないというわけではありません。市場シェアの存在する場所や方法が違うんです。ニュートンの法則は依然として有効です。重力が存在する場所である限りは」

チャオはスティーブが理解したことがわかって嬉しかった。もうひとつの宿題についても聞いておかねば。「ところで、例の『価値の移動』を読んだ感想は?」

「あの本には、成功の法則の変遷について、そして、五年ごとにビジネスデザインを変えていく必要性について書かれています。ただ――」スティーブは口ごもった。

「何かね?」

「よくわからない点があります。かつてのビジネスデザインの寿命はかなり長く、一〇年、二〇年、ときには三〇年も続くことがありました」

チャオはうなずいた。「その通りだ」

「でも、今日では五、六年が限度のようです」

「そうだね」

「しかし、変化に対する組織の抵抗を考えれば、ビジネスデザインの転換には少なくとも二、三年はかかるはずです」

チャオはわずかにうなずいた。

スティーブはお手上げだというように両手を大きく広げた。「となると、計算が合いません」

チャオは一瞬口をつぐんだが、すぐに先を促した。「とはいえ――?」

スティーブにはチャオがそう言い出すのはわかっていた。

「とはいえ――」彼はボールペンで黄色いリーガルパッドを軽く叩きながら考えた。「……何だろう」コツコツという音が続いた――。

「そうか! とはいえ、新しいビジネスデザインの到来を予想できた場合はその限りではない。変化を予想して準備を始め、新しいビジネスデザインの離陸までに二年間の助走期間をとっていれば問題ないわけです。速く動くことよりも早く着手することが大事なんですね」

「あるいはその両方を目指す」

「ええ。両方を」

「これは未来を予測するということかね?」

「いえ、予測ではなく先見性——先を見通すことです」

「生まれつきの能力が必要とされることかね?」

「違います」

「後天的に習得できることかね?」チャオが訊ねた。

スティーブは目を細めて考えていた。「チェスの選手は学んでいると思います」

「他には?」

「アメフトのラインバック。彼らは敵の動きを予測することはできませんが、素早く本能的に反応する能力をトレーニングで磨くことはできます」

「他にもいるかな?」

スティーブは思い当たらなかった。

「ビル・ラッセルというバスケットボール選手の名前を聞いたことは?」とチャオが話し始めた。

「彼は一九五〇年代、六〇年代にＮＢＡタイトルを一一回も取ったボストン・セルティクスのセンターだった。彼はうんざりするほど執拗にゲームと敵チームの研究を続けた。そして、他の誰よりもゲームパターンを熟知していた。

少し前のことだが、敵がシュートを放つ前からリバウンドがどこに行くか知っていたとラッセルが語るコマーシャルがあった。いかにもコマーシャルらしい誇張した表現だったが、まったくのこじつけとも言えない。ラッセルはたしかに誰よりもリバウンドを読んでいた。ゲームの展開とシュートを打つ選手の特性、自分の所属チームの特性から判断することができたんだ」

「先を見通す力ですね」

「まさにそれだ。ラッセルはバスケットボールの世界では最高の先見能力の持ち主だった。アメフトならさしずめローレンス・テイラーだろう。ニューヨーク・ジャイアンツの偉大なラインバックだ。彼はレーダーを持っていると言われたものだ。アイスホッケーならウェイン・グレツキー。彼は自分の成功の秘訣について、パックがある場所に滑っていくのではなく、パックが行くはずの場所に滑っていくと言った。野球の世界ならセンターの守備で鳴らしたジョー・ディマジオだ。彼にジャンピング・キャッチやダイビング・キャッチは無用だった。敵のバッターを知り尽くしていたから常に打球の落下地点で待つことができたんだ」

「ビジネスの世界でも先見能力の習得は可能でしょうか?」

「君はどう思う?」

「難しいことですが、できると思います」

「おそらくね。繰り返し登場するパターンが二〇や三〇はある。それを研究して自分なりのリストを作っておけば、たいていのことには驚かなくなるだろう。以前読んだ『プロフィット・パターン』

を憶えているかな?」

「もちろんです」

「あれをもう一度読みなさい。あの本は変化がどのように訪れるかを分析した、いわばエンサイクロペディアだ。ただし、あくまでも第一巻にすぎない。第二巻は君自身が、自分の考え方や実際に携わった仕事を通して書くんだ」

「本当に先を見通す能力を身につけることができるでしょうか? ビル・ラッセルは本能的にできたのでは?」

「いや、学んで習得できるものだよ。おそらく何にもまして難しいことだとは思うが。ラッセル自身が書いた本を読んでおくべきだな。とくにリバウンドのことが書いてある章をね」

チャオは本棚に向き直ると『ラッセルの法則(*Russel Rules*)』と題された薄い本を取り出し、スティーブに手渡した。「予知能力を学び、徹底的に身につけようとするなら、ラッセルに習うのが一番だ。彼以上の師は見つからないだろう」

チャオはひと呼吸置いて「これも読んでおきたまえ」と言いながら、ゲーリー・クラインの『決断の法則(*Sources of Power*)』(邦訳、トッパン)のコピーを渡した。「全部読む必要はない。ここに書いてあるページだけでいい」彼が差し出した紙には、いくつものページ番号が細かく書かれていた。

スティーブが驚いているとチャオが笑いながら種明かしをした。「しらみつぶしに読んでピックアップしたわけじゃないよ。索引で『パターン認識』が出てくるページを調べただけさ」

スティーブはバックパックに本を突っ込んだ。「今度は来週でしょうか？」

「いや、再来週にしよう」

二人とも心の中で同じことを考えていたが口には出さなかった。残る授業はあと一回――。

23

一〇倍の生産性を生む源——デジタル利益モデル

五月一七日。チャオの授業も幕切れ間近だった。ウォールストリート四四番地にあるビルのエントランス・ロビーでスティーブは足を止めた。南には自由の女神がそびえ、ウォールストリートから海に向かって素晴らしい春の朝の光景が広がっていた。彼はさまざまな思いを胸にエレベーターで上階へ向かった。チャオさえその気になってくれれば、この夏いっぱい喜んで授業を受けるのに。だが、チャオは考えを変えなかった。今日が最後の授業だった。

スティーブが到着すると、チャオは自分の椅子に座って港を見つめていた。スティーブは週末用の旅行カバンを置くと、いつもの席に座って待っていた。授業が終わったらその足でハンプトンズに出かけるつもりだった。

「ビジネスの変化を見通すうえで役立つパターンについて考えてみたかね?」チャオはいつもの椅子に移らないまま訊ねた。

「最初から終わりまで『プロフィット・パターン』を読み直しました」

「それで?」

「規制緩和や整理合併、分割といった従来からある変化のパターンについても、著者はもっと紙面を割くべきだったと思います」

チャオは笑みを浮かべた。もっとも、相変わらず港のほうを見つめていたので、その表情はスティーブには見えなかった。「他には何か?」

「はい。組織は躁状態が一〇年、鬱が一〇年というように、周期的に躁鬱病に襲われる。その前兆となるのが不況や無理な事業拡張である、と書かれていました」

「もう少し詳しく」とチャオが励ました。

「えーと、不況の記憶は年月とともに薄れ、早ければ好景気に入って四年目か五年目には消えてしまう。しかし、辛い時期の記憶が一番必要なのはこの時期である、と」

チャオは振り返った。「それを知って驚いたかね?」

スティーブはクスクス笑い出した。「いいえ。驚きはしませんでした。ビジネスというものはほとんどパラドックスですから。日々パラドックスの連続です。これもそのひとつにすぎません。『何かが明らかになるほど、成し遂げる可能性は低くなる』というのと同じです」

「それで、君は独自の第二巻の執筆に取りかかったんだね?」

「ええ」

「どのぐらい進んだかな?」

「まだ七ページほどです」

「先々週、君は先を見通す力を習得できるかどうか疑っていたが、いまもそう思ってるかな?」

「いえ、疑いは少し薄れてきました」

「平均的なマネジャーなら、いくつぐらいのパターンを知っておくべきだと思うかね？」

「よくわかりませんが――おそらく四〇か五〇」

「そんなに？」

「ある意味では必要ですね。カレッジ時代に、僕は一学期間アメフトの二軍選手と同室でした。彼が学ばなければならない攻撃パターンの数はそんなものではありませんでした」

チャオは目を細めた。そんなふうに考えたこともなかったが、一理あると思った。はたして経営者やマネジャーはすべてのパターンを熟知することができるのだろうか？　ここにもパラドックスがある。弱冠一九歳のカレッジのアメフト選手が四〇歳のビジネスマネジャーよりも多くのパターンをマスターし、教科書通りに事を運べるとしても驚くには値しない。彼らのほうがゲームへの情熱が強いのだから。

不意にスティーブの声で思考が中断した。「でも、最後のパターン――あれだけはよくわかりませんでした」

「従来型からデジタル型への利益の移行だね。どこが理解しにくいのかね？」

「あれだけは他と違います。まったくつながりが読めなかったんです」

チャオは解説しようとしたが、スティーブが一足先に喋り始めた。「そこで自分で調べてみました。『ビーイング・デジタル（*Being Digital*）』（邦訳、アスキー）と『デジタル・ビジネスデザイン戦略（*How Digital Is Your Business?*）』（邦訳、ダイヤモンド社）を読んだんです」

「どうだったかね？」

「デジタル化がもたらす利益の違いが信じられませんでした」

チャオは好奇心をそそられたようだった。「どんなものだと思ったんだね？」

「〈デジタル利益モデル〉とは何か、という質問ですか？」

「ああ。仮にそういうモデルが存在するとしてだが」

スティーブは少し間をとった。「存在するかどうかはわかりません。でも、従来型からデジタル型へ移行することで、収益性に大きな影響があることはわかっています。非常に大きく不思議な影響です」

「なぜかな？」

「非常に多くのさまざまな次元に影響を与えるからです。その最たるものが、デジタル型に移行することで生産性が一〇倍も改善される点です。一〇倍ですよ！」

チャオは目を大きく見開いた。「本当に？」

「僕も信じられませんでした。でも、いくつか例が挙げられていて、デルの在庫回転数は一年で六回から六〇回に向上しました。セメント・メーカーであるセメックスの場合は顧客の注文から納入までの時間が三時間から二〇分に短縮され、オラクルの顧客対応コストは一件当たり三五〇ドルから二〇ドルに削減されたのです。

一〇倍の生産性だけではありません。デジタル化によって、プッシュからプルへ、あてずっぽうから確実な根拠に基づく決定へと、ビジネスのプロセス自体が文字通りまったく逆転したんです」

「もう少し説明してもらえるかな？」チャオが促すと、スティーブのエンジンがかかった。

「すべてとは言いませんが、多くの場合、デジタル化によって顧客は自分が本当に欲しい製品なりサービスなりをデザインすることができます。デルのオンライン・コンフィギュレータ、オフィス家具メーカーであるハーマン・ミラーのz軸デザインシステム、マテル社のマイ・バービー然りです。売り手は機能的な電子メニュー『チョイスボード』をウェブ上に開き、顧客はそれを利用して独自仕様の製品をデザインし、正確に自分が必要としているものを手に入れられるんです」

「素晴らしいね。それで？」

「ですから、顧客は自分が必要としているものにだけお金を払えばよく、必要ないものにまで支払いを強要されることがなくなります」

チャオは小さな声でつぶやいた。「たしかに顧客にとっては大歓迎だが、収益性にとっては必ずしもプラスにはならないようだが」

「いえ、もう少し聞いてください。一般的なメーカーの場合を考えてみると、顧客の購買行動を推測して個々のモデルの生産数を決め、それに合わせて製造して流通チャネルに送り出します。そして、予想通り顧客が買ってくれるものと期待しています。

しかし、もちろん顧客は予想通りには動いてくれません。だから、売れ残った在庫を減らすためにディスカウントせざるを得なくなります。最初は二割引き、やがては四割、五割引き。もっと安くしなければならないかもしれません。利益を度外視して」

「なるほど。つまり、一〇倍の生産性とチョイスボードが利益を生む源というわけだな。どのぐらいの利益を生み出すのかね？」

「ちょっと待ってください。まだ先があるんです。顧客は自分が欲しい製品を自分でデザインすること以外にも多くのことを望んでいます。彼らの希望の半分でも叶えてあげれば、購買行動が受身から能動的なものに変わるはずです。そして、製品情報や価格、オーダー・ステイタス、技術的な問い合わせに対する回答などを、自分の手で探すようになります。自分でメンテナンス計画を立て、ソフトウェアをダウンロードするようになるでしょう。実際、従来はサプライヤーが提供していた作業のうち、デジタル化によって顧客の手で可能になった作業は二〇を超えます。

ひとつだけ例を挙げると、シスコの場合、ＦＡＱ（よくある質問とそれに対する答え）のテクニカルサービス・データベースを構築しました。現在、顧客から寄せられる質問の八五％は顧客自身が回答を見つけるようになりました。コストは八五％削減され、顧客満足度は二五％上昇しました。この種の変更をいくつか組み込むだけで、利益はさらに増え始めるのです。

別の次元でも効果があります。たとえば、リアルタイムの情報です。仮に僕が従来型ビジネスを、あなたがデジタル化したビジネスを経営しているとします。僕が売上、コスト、顧客動向、材料費、市場状況といった情報を得るには三〇日かかりますが、あなたは同じ情報を二四時間で入手できます。いち早く問題を察知し、対応し、資源の再配備を行なえるのはどちらでしょう？　デジタル化に移行した企業にはことごとく大きな利益が発生します」

「クワント？」

スティーブは首を振りながら答えた。「外から見ただけでははっきりとした数字は言えませんが、デジタル化に踏み切った企業の利益率をライバル社と比べてみると、一〇ポイントは高くなっています。ビジネスデザインが優れているという当然の要因もありますが、デジタル利益モデル効果も見逃せません。どの程度かと言われても千差万別だと思います。僕の推測ではデジタル化による利益増は三〇％から七〇％というところではないでしょうか」

「いやいや、すごい数字だね。まるで経済の魔法といったところだな」チャオが小声で言った。

「それは違います」スティーブが反論した。

チャオが驚いて訊ねた。「なぜ、違うんだね？」

「ビジネスデザインの質が悪ければ魔法は効かないからです」

「まったくだ。基本的に信頼できるビジネスデザインがなければ、デジタル化したところで意味はない」

「だから、厳密には魔法ではないんです。かなり近いとは思いますが」スティーブの口調は確信と熱意を秘めていた。

チャオは黙っていた。これは大したものだ。スティーブがこんなにもリラックスし、集中して整然と話したのは初めてだと、チャオは非常に頼もしく感じていた。だが、これで全部だろうか、とも思った。

スティーブはしばらく黙っていた。チャオは何も言わず辛抱強く待っていた。

すると驚くべきことが起きた。スティーブが質問を投げかけてきたのだ。

「一番の問題は『利益と情報はどういう関係にあるのか？』という点です」

チャオは内心ニッコリと笑っていた。長足の進歩だ。チャオは偉大な投資戦略家で証券分析の父とも呼ばれるベンジャミン・グレアムとデビッド・ドッドの大好きな言葉を思い出した。「自分だけで考えろ、正確に考えろ」スティーブはその域に近づいていた。

チャオはまるで必死で考えていたかのように装って訊ねた。「利益と情報の関係だって？　それはそれは深い関係にあるよ」

「どんな関係ですか？」スティーブは食い下がった。

「細かい個々のレベルで？　それとも大きい全体的なレベルで？」チャオは時間稼ぎのような問いを返したが、もちろん時間稼ぎなどではなかった。

スティーブは細かい個々のレベルについては考えていなかった。しかし、勢いをそぎたくなかったので答えた。「当然、全体的なレベルです」

間髪を置かない質疑が繰り広げられていた。チャオにとってもこのペースを保つのは容易ではなかった。以前にこうした問題について考えたことがなかったら、はたしてついていけただろうか。

「全体的なレベルでの関係は非常に深い。理由は簡単だ。利益は正確な情報が不足しているおかげでもたらされるものだからだ」

スティーブは姿勢を正し、大きくうなずいた。「そうか！　顧客に正確な情報が十分に与えられていないがゆえに、それを提供する者に利益を得る機会が生じるんですね。では、利益のどの程度が情報不足の賜物なんでしょう」

チャオは押し黙り、沈黙の効果を利用した。そしてスティーブのほうに身を乗り出すと悪事でも耳打ちするように小声で囁いた。「ほとんどがそうだ！」

チャオの言葉が宙に浮き、一瞬緊張感が漂った。

そのとき、何か合図でもあったかのように、二人は同時に大声で笑い出した。

スティーブは温かい気持ちで満たされているのを感じながら、チャオの目をじっと見つめた。この瞬間がもっと続いてくれたら。だが、そうはいかない。そろそろ結論へと移らねばならなかった。

「その点こそ僕が気になっていたことです。ニコラス・ネグロポンテは『ビーイング・デジタル』で肝心なところを書き落としています」

「それは？」

「アトムとビットについて書いたとき、そこで終わってしまっています」

「というと？」

「アトムとビット、そして、ビットと利益——とすべきだったんです」

チャオは笑い出した。「なるほど、それはいい。実にいいよ。ところで、最後に課題を出そうと思う。これから二つ質問するから答えるように。最初の質問は、いとこ同士の利益モデルを挙げよ、というものだ」

「いとこ同士？」

「同じではないが、互いに似通っている利益モデルのことだ」

スティーブはペンを取って、黄色いリーガルパッドに書き始めた。残すところあと二ページとなった用紙は、月日を経て角がかなり折れ曲がり、よれよれになっていた。スティーブはあっという間に書き終わり、リストを渡した。

● インストール・ベース利益、デファクト・スタンダード利益、販売後利益
● 時間利益、新製品利益、専門品利益
● 相対的市場シェア利益、ローカル・リーダーシップ利益
● ブロックバスター利益、取引規模利益
● マルチコンポーネント利益、利益増殖
● 経験曲線利益、スペシャリスト利益

チャオはリストを見てうなずいた。「うん、これでいい。もしこのまま授業が続くなら、似たもの同士の違いを細かく説明してもらうところだが。いずれにしても、自分でリミットを決めてやってみなさい。プロジェクト引くデッドライン、イコール、ゼロだ。これを忘れないように。さっそく今晩までにやり終えなさい。楽しみながらやるんだよ。クロスワードパズルでも解くように。さて、最後の質問だ。これまで取り上げてきた利益モデルはまったくランダムな順番だったと思うかね？」

スティーブは一瞬考え込み、もう一度リストを眺めた。「最後のほうで扱った景気循環利益、S字曲線の新製品利益、相対的市場シェア利益、経験曲線利益——これらは従来型の古いモデルばかりです」

「その通りだ」

「ただし最後の最後には相対的市場シェアや経験曲線のような従来型モデルの多くを覆す新しいモデルを取り上げました」

「そうだ」

「つまり、大きな市場シェアを持つ大企業でなくても大成功を収められるモデルで締めくくったんですね」

「その通り」

「最初に取り上げたのは新しいモデルでした。これも大企業や市場シェア・ナンバーワン企業でなくても高い利益を確保できるモデルです」

「正解だ。他にも何かあるかね？」

「いとこ同士が続かない順番になっていました」

「理由は？」

「並べてしまうと、類似性にばかり目がいって違いに着目できなくなるからです」

「他には？」

「もう十分では？」

チャオは大声で笑い出した。苦しそうなくらい腹の底から笑っていた。笑い声が部屋中に響き渡った。

「十分だとも。十分すぎるぐらいだ」

「デビッド、僕のほうもひとつうかがいたいことがあるんです」

チャオはデビッドと呼ばれて嬉しかった。「私に質問があるんだね？」

「ええ。実は答えのほうも用意してあるんですが。質問は、『特定の事柄について二冊ずつ課題図書を設けた理由』です。もちろん、いつも二冊ずつというわけではありませんでしたが、基本的に二冊がパターンでした。『永続する価値について』とバフェットのエッセイ、『パラダイムの魔力』と『プロフィット・パターン』、『ロープライスエブリデイ』と『スターバックス成功物語』、デビッド・オグルビーの二冊、それに『プロフィット・パターン』と『決断の法則』」

「君の言う通りだ。私の意図がわかっていたんだね。で、答えは？」

「きっと『本を読んだ症候群』に陥らないようにしてくださったんでしょう。いつもひとつのトピックに集中し、それについて二つの見方、物語、経験、データを比較対照するように仕向けてくれた。『本を読んだ』とか『これも知ってる、あれもやった』とリストをチェックするような勉強方法ではなく、『どの考え方が最適か』『自分のビジネスの向上にふさわしいのはどのアイディアか』という方向で考えるように導いてくださったんだと思います」

チャオは静かな声で言った。「よくそこまでわかってくれたね、スティーブ」彼はしばらく黙っていた。「昨日、君のメールを受け取ったよ。おめでとうという言葉がふさわしいだろうね」

スティーブはうなずいた。「ありがとうございます。でも、僕はあのオファーを受けるつもりはないんです」

チャオは微笑んだ。「まあ、そうなるんじゃないかとは思っていた。デルモア・パルプ&ペーパーのバイス・プレジデントという仕事が君にふさわしいとは思えないからね」

「ええ。みんないい人ばかりです。デルモアの人間は一人残らずと言っていいほど好きです。パルプ&ペーパーにもしなければならない仕事はいくらでもあります。でも、まずはデルモア全体を立て直す手助けがしたい。他の部署に動くのはそれからでも遅くありません。製紙部門にしろ他の部門にしろ、ひとつの分野に腰を据えるのはもっと先でもいいと思っています」

「ニジマスのように反応しなくても悔いはないんだね?」

チャオはいつか話したデボラの話を憶えていてくれたんだ。スティーブは驚くと同時に嬉しかった。「ルアーに惑わされる話ですね?　大丈夫です。よくよく考えた結果ですから。正しい選択だと僕は確信しています」

チャオもうなずいた。「デルモア側はわかってくれるかね?」

「大丈夫だと思います。キャシーはわかってくれています。どっちに転んだとしても僕の決断を尊重すると言ってくれました。もう一、二年、一緒に仕事ができると知ったら喜んでくれるでしょう。それに彼女ならそれなりに僕を評価してくれるはずです。だから金銭的な意味ではまったく心配していません」

チャオはスティーブの言葉を聞いて嬉しかった。

二人はしばらくのあいだ黙って座っていたが、ようやくチャオが口を開いた。

「ところで君の友人は何時頃迎えに来てくれるんだ?」

「まもなく来るはずです。渋滞に巻き込まれる前にロングアイランドに着きたいので」

「賢明だな」

チャオは席を離れ窓際に立ち、腕組みしながら自由の女神を見つめていた。あの像を見るたびに私の授業を思い出してほしい――彼はもう少しで胸のうちを言葉にするところだった。だが、思いとどまった。

チャオは振り向くと、スティーブに手を差し出した。

「よく最後までついてきてくれたね。これからも頑張りなさい」

チャオはまたもやセンチメンタルな思いにとらわれかけたが、なんとか自制心を取り戻した。

「それから、私に莫大な借金があることを忘れないように。いずれ取り立てるつもりだからね」

チャオが笑い、スティーブも笑った。

「ありがとうございました」スティーブが口にできたのは感謝の言葉だけだった。

「どういたしまして」

スティーブは踵《きびす》を返して去って行った。チャオは扉を閉め、窓辺に戻り、腕組みをしながらもう一度自由の女神を見つめた。授業を思い出すための何かが必要だったのはスティーブではなく、チャオのほうだったのかもしれない。


（完）

利益モデル索引

（各利益モデルについて触れている本文ページを表示した）

22　速く動くより、早く着手せよ

——Bill Russell with David Faulkner, *Russel Rules*, Dutton, 2001.

——ゲーリー・クライン『決断の法則』トッパン（Gary Klein, *Sources of Power*, MIT Press, 1999）

23　10倍の生産性を生む源

——ニコラス・ネグロポンテ『ビーイング・デジタル』アスキー（Nicholas Negroponte, *Being Digital*, Alfred A. Knopf, 1995）

——エイドリアン・スライウォツキー, デイビッド・モリソン『デジタル・ビジネスデザイン戦略』ダイヤモンド社（Adrian Slywotzky and David J. Morrison, with Karl Weber, *How Digital Is Your Business?*, Crown Business, 2000）

Pour Your Heart Into It, Hyperion, 1997)

16　コントロール・ポイントを制する

——アンドリュー・ラパポート、シュマエル・ハレヴィ「コンピュータをつくらないコンピュータ企業」『DIAMONDハーバード・ビジネス』1991年11月号および、単行本『未来市場制覇のマーケティング戦略』に所収、共にダイヤモンド社（Andrew S.Rappaport and Shmuel Halevi, "The Computerless Computer Company." *Harvard Business Review*, July-August, 1991)

17　わずかな価格差をめぐるゲーム

——Andrew Kilpatrick, *Of Permanent Value*, McGraw-Hill, 2001.

——バークシャー・ハサウェイ社のウェブサイトは
http://www.berkshirehathaway.com/

18　フォローアップの潜在力

——ジョエル・バーカー『パラダイムの魔力』日経BP出版センター（Joel Barker, *Paradigms*, Harper Business, 1993)

——Adrian Slywotzky and David J. Morrison, with Ted Moser, Kevin Mundt, and James Quella, *Profit Patterns*, Times Business, 1999.

21　学習の累積がもたらす知恵

——ピーター・F・ドラッカー「企業永続の理論」『DIAMONDハーバード・ビジネス』1995年1月号および、単行本『チェンジ・リーダーの条件』に「事業を定義する」として所収、共にダイヤモンド社（Peter F. Drucker, "The Theory of Business." *Harvard Business Review*, September-October 1994)

——ミシェル・フーコー『言葉と物』新潮社（Michel Foucault, *The Order of Things*, Pantheon Books, 1970)

——Adrian Slywotzky, *Value Migration*, Harvard Business School Press, 1996.

タニカ（James Webb Young, *A Technique for Producing Ideas*, NTC Business Books, 1994）

——アラン・ライトマン『アインシュタインの夢』ハヤカワepi文庫（Alan. Lightman, *Einstein's Dreams*, Warner Books, 1993）

7　一つの資産からさまざまな製品を

——アイザック・アシモフ『天文学入門』光文社カッパブックス（Isaac Asimov, *Asimov on Astronomy*, Anchor Press, 1975）

8　利益追求に邁進する情熱

——サム・ウォルトン『ロープライスエブリデイ』同文書院インターナショナル（Sam Walton with John Huey, *Sam Walton: Made in America*, Bantam Books, 1993）

9　すべてを知りつくすことの強み

——エイドリアン・スライウォツキー、デイビッド・モリソン『プロフィット・ゾーン経営戦略』ダイヤモンド社（Adrian Slywotzky and David J. Morrison, with Bob Andelman, *The Profit Zone*, Times Business, 1997）

11　未来を計画できる立場をつかめ

——デビッド・オグルビー『ある広告人の告白』ダヴィッド社（David Ogilvy, *Confessions of an Advertising* Man, Atheneum, 1963）

——デビッド・オグルビー『「売る」広告』誠文堂新光社（David Ogilvy, *Ogilvy on Advertising*, Vintage Books, 1985）

——エズラ・パウンド『詩学入門』冨山房百科文庫（Ezra Pound, *ABC of Reading*, New Directions, 1960）

14　点から面への拡大

——ハワード・シュルツ、ドリー・ジョーンズ・ヤング『スターバックス成功物語』日経BP社（Howard Schultz with Dori Jones Yang,

本書に登場する「必読書」リスト

（本文で取り上げられた順に、各章ごとに分けて掲載した）

3　同じ製品で異なるビジネスを

――『孫子』中公文庫ほか（Sun Tzu, *The Art of War*, Translated by Samuel B. Griffith, Oxford University Press, 1963）

――Robert R. Updegraff, *Obvious Adams: The Story of a Successful Businessman*, Updegraff Press, 1953

4　臨界点を目指せ

――ステファン・シンギュラー『ハリウッドを掴んだ男 マイケル・オーヴィッツ』徳間書店（Stephen Singular, *Power to Burn*, Birch Lane Press, 1996）

――ジョン・アレン・パウロス『数字オンチの諸君！』草思社（John Allen Paulos, *Innumeracy: Mathematical Illiteracy and Its Consequences*, Vintage Books, 1990）

5　粘り強さが生み出すスピード

――ポール・M・クック「イノベーションは簡単だ、しかしビジネスにするのは難しい」『DIAMONDハーバード・ビジネス』1990年7月号所収、ダイヤモンド社（Paul M. Cook with William Taylor, "The Business of Innovation: An Interview with Paul Cook," *Harvard Business Review*, March-April 1990）

――アンドリュー・グローブ『インテル戦略転換』七賢出版（Andrew S.Grove, *Only the Paranoid Survive*, Harper Collins Business, 1997）

6　大ヒットを創造するマネジメント

――ジェームス・ウェブ・ヤング『アイデアのつくり方』TBSブリ

訳者あとがき

本書は二〇〇二年九月に刊行されたエイドリアン・スライウォツキーの最新作『*The Art of Profitability*』の全訳である。氏の著作は日本でもすでに『プロフィット・ゾーン経営戦略』『デジタル・ビジネスデザイン戦略』（ともにダイヤモンド社）の二冊が翻訳出版されており、ご存じの読者も多いことと思う。

だが、今回の作品は前二作とはまったく趣が異なる。ビジネスの成功に不可欠な利益の本質を、非常にわかりやすいストーリー形式で説いているのだ。原著出版社のワーナーブックス（AOLタイムワーナーの出版部門）は、本書を二〇〇二年の最重点企画と位置づけ、すでに世界六カ国での出版も決まっている。まさに話題の必読書である。

物語は九月のとある土曜日、「利益」とは何かを知りたいと願う若者スティーブが、「ビジネスで利益が生まれる仕組みを知り尽くした男」チャオ氏に教えを請う場面から始まる。それから約八カ月にわたる二人だけのレッスンのなかで、スティーブは二三の利益モデルを学び、手強い宿題をこなし、一見ビジネスとは無関係に思える分野も含んだ幅広い課題図書を読むことになる。そして、次第にものの見方や考え方を深め、利益の本質を学び取っていくのである。

本書の狙いは、個々の利益モデルを解明することで「利益に対する純粋で絶対的な興味」を読者に持たせ、ビジネスと収益性の関わりを「粘り強く自らの頭で考えてもらう」ことにある。活き活きと描かれた二人のやりとりや心の動きを伝えるちょっとした仕草、師弟関係の微妙な変化を通じて、読者は二人のたどったプロセスをまるで自分もその場にいるかのように追体験できるだろう。

一週間に一章のペースで読んでほしいと願う著者の意図は、まさにこのプロセスの共有にある。最後の授業を迎える頃には、通い慣れたチャオのオフィスもそこからの景色も、さらには彼ら二人の顔や声さえ思い描けるようになるはずだ。

利益とは経済のエネルギーであり、「モデルや方程式というよりも考え方だ」とチャオは語る。収益性の追求とは「高い利益がどこでどのように発生するかを常に問いかけながら、考えを日々変えていくことなんだ」という彼の言葉をじっくり噛みしめてほしい。チャオの教えは、未知の領域に踏み込みつつある現在のビジネスシーンにどう立ち向かうべきか、その方法論について深い啓示と大きな勇気を与えてくれるだろう。

最後に、ご多忙ななか丁寧な訳稿チェックと的確なアドバイスをして下さったスライウォツキー氏が所属するＭＭＣグループのスタッフである佐藤徳之氏、編集の労をとって下さったダイヤモンド社の今泉憲志氏と御立英史編集長に深く御礼申し上げたい。

中川治子

著者紹介

エイドリアン・スライウォツキー（Adrian Slywotzky）

ハーバード大学を卒業後、同校のロースクールとビジネススクールで修士号取得。現在、マーサー・マネジメント・コンサルティングのバイス・プレジデントおよびボードメンバーを務める。1996年の処女作『*Value Migration*』で高い評価を獲得し、98年に刊行した『*The Profit Zone*』（邦訳『プロフィット・ゾーン経営戦略』ダイヤモンド社刊）は全米ベストセラーとなった。

さまざまな大企業のCEOレベルに行なった成長戦略および新ビジネスデザイン構築に関するコンサルティングで名声を博し、ダヴォス会議をはじめ、マイクロソフトCEOサミット、フォーブズCEOフォーラム等でもキーノート・スピーカーを務める。99年には『インダストリー・ウィーク』誌において、ドラッカー、ポーター、ゲイツ、ウェルチ、グローブとともに「経営に関する世界の六賢人」に選ばれた。

上記以外の著書に『*Profit Patterns*』『*How Digital Is Your Business?*』（邦訳『デジタル・ビジネスデザイン戦略』ダイヤモンド社刊）等がある。

訳者紹介

中川治子（なかがわ・はるこ）

1956年生まれ。武蔵大学人文学部日本文化学科卒業。翻訳家。美術工芸、メンタルセラピーからビジネスモデルに関するものまで多分野の翻訳に従事。主な訳書に『eBayオークション戦略』『ルネッサンス』（以上、ダイヤモンド社刊）等がある。

ザ・プロフィット
利益はどのようにして生まれるのか

2002年12月12日　第1刷発行
2015年1月9日　第13刷発行

著者／エイドリアン・スライウォツキー
訳者／中川治子
装丁／藤崎 登
製作・進行／ダイヤモンド・グラフィック社
印刷／八光印刷（本文）・慶昌堂印刷（カバー）
製本／宮本製本所

発行所／ダイヤモンド社
〒150-8409　東京都渋谷区神宮前6-12-17
http://www.diamond.co.jp/
電話／03･5778･7232（編集）　03･5778･7240（販売）

ISBN 4-478-37422-8